Lars Schmoll

Grundbausteine des Unterrichts

Schneider Verlag Hohengehren GmbH

Gedruckt auf umweltfreundlichem Papier (chlor- und säurefrei hergestellt).

Bibliografische Information der Deutschen Nationalbibliothek

Die Deutsche Nationalbibliothek verzeichnet diese Publikation in der Deutschen Nationalbibliografie; detaillierte bibliografische Daten sind im Internet
über ›http://dnb.d-nb.de› abrufbar.

ISBN 978-3-8340-0669-1

Schneider Verlag Hohengehren, 73666 Baltmannsweiler

Homepage: www.paedagogik.de

Inhaltsverzeichnis

1. Vorbemerkung

Die vorliegende Einführung richtet sich an alle diejenigen, die sich kompakt über zentrale Aspekte des Lehrerberufes[1] informieren wollen. Es wurden Themen ausgewählt, die vor allem in den ersten Berufsjahren eine besondere Relevanz besitzen dürften. Die Beschränkung auf acht Teilbereiche des Lehrerberufes muss selbstverständlich lückenhaft bleiben und manchem Leser mag das ein oder andere Thema fehlen.

Die Themenauswahl ist zum einen das Ergebnis der langjährigern Betreuung von Studierenden zu Beginn der ersten Phase der universitären Ausbildung und zum anderen eine Folge der Arbeit mit Referendaren. Die einzelnen Kapitel sind in sich abgeschlossen und haben jeweils ein eigenes Literaturverzeichnis.

Zu Beginn wird zunächst nach Motiven bzw. Gründen gefragt, die zur Wahl des Lehrerberufes geführt haben. Hiermit wird das Ziel verbunden, Berufseinsteigern den notwendigen Perspektivwechsel zu erleichtern. Stellen doch persönliche Berufswahlmotive einen wichtigen Ansatzpunkt für die spätere Rollenübernahme in der Schule dar. Aus diesem Grund wird anschließend das Rollenbild und die dazugehörigen Erwartungen an heutige Lehrer diskutiert (Kapitel 2).

Im Rahmen der ersten Schulpraktika, aber auch im Vorbereitungsdienst wird die Hospitation von Unterrichtsstunden eine mehr oder weniger große Rolle spielen. Das Kapitel 3 gibt eine Einführung in die systematisch-wissenschaftliche Beobachtung von Unterricht, mit deren Hilfe gewinnbringende Hospitationsstunden erleichtert werden.

Anschließend geht es um die Planung von Unterricht (Kapitel 4). Dabei werden die Planungsgänge zu einer (ersten) Unterrichtsstunde schrittweise entwickelt.

---

[1] Bei der Abfassung eines Buches stellt sich immer die Frage, ob formal korrekt immer sowohl die männliche als auch die weibliche Form verwendet wird (z.B. Lehrerinnen und Lehrer, Schülerinnen und Schüler) oder ob zur Verbesserung der Lesefreundlichkeit die weibliche Form weggelassen wird. In dem vorliegenden Buch ist die zweite Variante gewählt, sodass die männliche Form die weiblichen Vertreter immer mit einschließt.

Darüber hinaus wird insbesondere die Abfassung eines Unterrichtsentwurfes erläutert und abschließend Fragen zur alltäglichen Unterrichtsvorbereitung thematisiert.

Als ein wichtiger didaktischer Teilbereich, der auch Bestandteil vieler didaktischer Modelle darstellt, wird eine Einführung in mögliche Unterrichtsmethoden vorgenommen (Kapitel 5). Es werden nach einer Arbeitsdefinition, Methodenraster vorgestellt, welche eine erste Systematik ermöglichen und die vertiefende Beschäftigung mit ausgewählten Methoden erleichtert.

Das Thema Unterrichtsstörungen ist ein Dauerbrenner der didaktischen Diskussion. Neben einer begrifflichen Eingrenzung, werden mögliche Präventionsmöglichkeiten vorgestellt (Kapitel 6).

Ein ähnlich viel diskutiertes Thema, ist die Leistungsbeurteilung bzw. die Notengebung. Nicht wenige Lehrkräfte empfinden gerade die Benotung der Schüler als extrem belastend. Neben einführenden Grundsätzen schulischer Leistungsbeurteilung, werden neuere alternative Formen vorgestellt (Kapitel 7).

Die Auswertung von Unterricht stellt im Vergleich zur Planung, zumindest gemessen an der Zahl der Publikationen, in der Didaktik eher ein Randgebiet dar. Dabei ist eine gute Unterrichtsauswertung für eine Optimierung der eigenen Unterrichtstätigkeit eine zentrale Voraussetzung. Aus diesem Grund werden Möglichkeiten einer sinnvollen Auswertung des eigenen Unterrichts vorgestellt und Grundlagen der Evaluationsforschung erläutert (Kapitel 8).

Im letzten Kapitel werden Merkmale eines guten Unterrichts formuliert. Mithilfe neuerer Arbeiten zur Qualität schulischen Unterrichts, werden einige Handlungsempfehlungen aufgelistet (Kapitel 9).

Zur Veranschaulichung der einzelnen Grundbausteine sind, wenn möglich, Fallbeispiele in die Kapitel integriert[2]. Ich hoffe, dass einige Ausführungen der vorliegenden Einführung die Arbeit als (zukünftige) Lehrer ein wenig leichter machen.

---

[2] Als Zitiersystem ist der Standard der American Psychological Association gewählt, der sich mittlerweile weit über psychologische und sozialwissenschaftliche Literatur hinweg etabliert hat (vgl. http://www.apastyle. org/index.html).

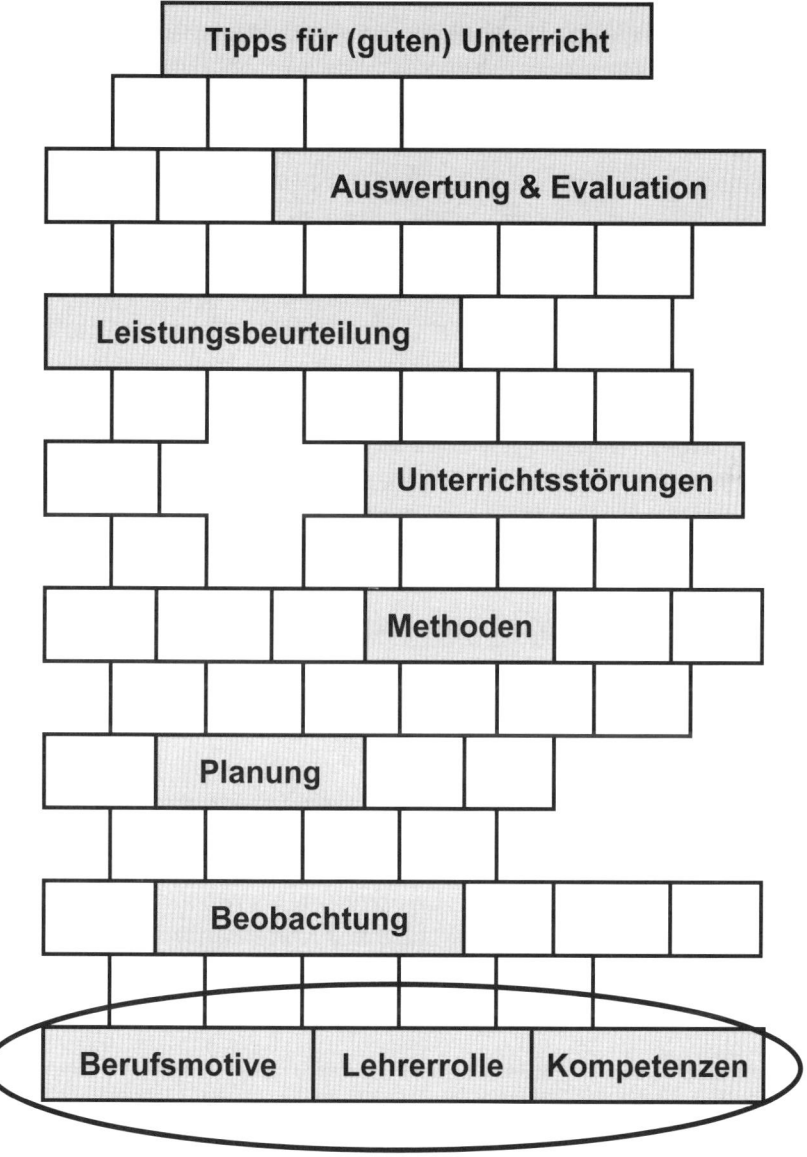

2. Lehrer werden & Lehrer sein

Der erste Schritt auf dem Weg in den Beruf des Lehrers beginnt mit der Berufswahl. Anschließend gilt es, die Ausbildung erfolgreich abzuschließen. Nachdem die Ausbildung beendet ist, erfolgt die Berufseingangsphase. Diese ersten Phasen des Lehrerberufs verdienen eine besondere Aufmerksamkeit, da sie das spätere berufliche Handeln entscheidend prägen.

Das folgende einführende Kapitel beleuchtet daher einige Aspekte aus diesen beiden Abschnitten des Lehrerlebens. Diese können m. E. als eine Art Fundament angesehen werden, auf das sich spätere Grundbausteine stützen. Zunächst werden häufig genannte Berufsmotive dargelegt (1). Anschließend werden unterschiedliche Rollen erörtert, die ein Lehrer in seiner beruflichen Tätigkeit annehmen muss bzw. welche Erwartungen an ihn gestellt werden (2). Den Abschluss bildet die Diskussion einiger grundlegender Kompetenzen, die ein Lehrer mitbringen sollte, um erfolgreich, lange und glücklich seinen Beruf ausüben zu können (4).

2.1 Berufsmotive prüfen und reflektieren

Die Motive bzw. Gründe, die Lehramtsanwärter dazu bewegen Lehrer zu werden, rücken insbesondere zu Beginn des Studiums in den Mittelpunkt des Interesses.

> *Studentin S. hat sich erst vor kurzem für das Lehramt eingeschrieben. In einer Orientierungsveranstaltung wird die Lehramtsanwärtin gebeten, auf Karteikarten drei zentrale Motive zu benennen, die dazu geführt haben, sich für das Lehramt einzuschreiben …*

Die Gründe, warum die Studentin Lehrerin werden will, können ganz vielschichtig sein. Terhart (1994) hat in einer Untersuchung eine Rangfolge der wichtigsten Motive angehender Lehrer erstellt (vgl. Tabelle 2.1.).

10

Tab. 2.1. *Berufsmotive angehender Lehrer (nach Terhart et al., 1994, S. 57).*

Rang	Grund für die Wahl des Lehrberufs
1	Weil ich gerne mit Kindern und Jugendlichen arbeiten wollte.
2	Weil ich die Tätigkeit für abwechslungsreich und vielseitig hielt.
3	Weil ich gerne das Wissen in meinen Fächern weitergeben wollte.
4	Weil ich glaubte, man sei als Lehrkraft in der konkreten beruflichen Arbeit autonom.
5	Weil ich glaubte, familiäre und berufliche Aufgaben gut miteinander verbinden zu können.
6	Weil der Lehrberuf schon immer mein 'Traumberuf' gewesen ist.
7	Weil ich dachte, man habe eine wichtige gesellschaftliche Aufgabe.
8	Wie ich den guten Lehrkräften die ich gehabt habe, nacheifern wollte.
9	Weil mich die Vorteile des Beamtenstatus angezogen haben.
10	Weil ich dachte, dass man als Lehrkraft viel Freizeit habe.
11	Weil ich schlechte Erfahrungen in der Schule gemacht habe und es nun besser machen wollte.
12	Weil ich glaubte, die Ausbildung sei relativ kurz.

Berufswahlmotive werden zum Teil durch ein ganz eigenes Bild von Schule mitbestimmt und leiten z. T. unbewusst die Herangehensweisen im Studium.

Die Motive Nr. 8 und 11 stehen sich beispielsweise diametral gegenüber. Ein angehender Lehrer, der vor allem ein positives Bild von Schule hat und dessen bisherige (Schüler-) Erfahrungen positiv besetzt sind, wird anders an bestimmte Sachverhalte herangehen als jemand, der eher negative Erfahrungen mit Schule und Lehrern gemacht hat. Des Weiteren wird jemand, der vor allem gerne mit Kindern und Jugendlichen arbeiten möchte, einem Thema wie der ‚individuellen Förderung' voraussichtlich offener gegenüber stehen, als jemand, der in erster Linie das Wissen in seinen Fächern weitergeben möchte. Ein Lehramtsanwärter dessen Hauptmotive die Ziffern 9 und 10 darstellen, wird mit einer bestimmten Erwartungshaltung an die Ausbildung und den Berufseinstieg herangehen. In einer neueren Untersuchung von Ulich (2004) werden die Gründe für die Wahl des Lehrerberufs in fünf Hauptgruppen zusammengefasst (vgl. Tabelle 2.2.).

Tab. 2.2. *Die fünf wichtigsten Motivationen für den Lehrerberuf (nach Ulich 2004, S. 57).*

Faktor	Aussagen
adressaten-bezogene/ pädagogische Motivation	- weil ich Freude am Zusammensein mit Kindern und Jugendlichen habe. - weil mir die Arbeit mit Schüler/innen Spaß macht. - weil ich Kinder gerne mag. - weil es Spaß macht, anderen etwa beizubringen.
Heraus-forderung/ Verantwortung	- um später einen vielseitigen Beruf auszuüben. - um später eine verantwortungsvolle Tätigkeiten auszuüben. - um später im Lehrerberuf Gestaltungsmöglichkeiten zu haben. - um später einen herausfordernden Beruf zu haben.
Schüler fördern	- um lernschwache Kinder und Jugendliche zu fördern - um Kinder und Jugendliche mit ungünstigen Bildungsvoraussetzungen zu fördern - um begabte Kinder/Jugendliche zu fördern

Idealismus	- um Kinder/Jugendliche bei ihrer Entwicklung zu begleiten. - um Kindern/Jugendlichen Raum für ihre Entwicklung zu geben. - um Kinder/Jugendliche vor Gefährdungen ihrer Entwicklung zu schützen. - um meine Schüler/innen auch außerhalb des Unterrichts zu fördern.
Fachspezifisches Interesse	- weil ich Spaß an meinen Fächern habe. - weil ich mein Fach/meine Fächer für wichtig halte. - weil ich großes Interesse an einem oder mehreren Unterrichtsfach(fächern) habe. - um Fachwissen zu vermitteln.

Es empfiehlt sich in jedem Fall, sich gründlich über die eigenen Berufsmotive klar zu werden und diese auch immer wieder zu prüfen bzw. zu reflektieren. Dies kann zunächst wertfrei geschehen. Denn jemand, der in erster Linie fachspezifisches Interesse hat, kann genauso ein guter Lehrer werden, wie jemand, den vor allem der Idealismus (z.B. die Förderung der heranwachsenden Generation) antreibt. Ein Lehramtsanwärter der allerdings lediglich die vermeintlichen Vorteile des Lehrerberufs (Sicherheit, Freizeit, etc.) als Hauptgründe angibt, sollte seine Berufswahl kritisch überdenken. Eine genauere Betrachtung der Gefahren einzelner Motivgruppen findet sich bei Kiel et al. (2007, S. 12).

Es erscheint deshalb so bedeutsam, die eigenen Motive offen zu legen und zu reflektieren, da die in der Lehrerausbildung angestrebten Kompetenzerweiterungen entscheidend durch die Motive geprägt werden. Darüber hinaus hängt von den Motiven ab, inwieweit ein angestrebter Perspektivwechsel gelingt. Kiel et al. (2007) weisen darauf hin, dass Lehrer das Studium mit weitreichenden Erfahrungen im Bereich Unterrichten und Erziehen beginnen. Sie haben zumeist 13 Jahre Schule hinter sich und wurden etwa in Vereinen und Jugendgruppen mit Fragen der Erziehung konfrontiert. Die Autoren sehen (ebd., S. 12) solche Erfahrungen wirkmächtiger als das, was in der ersten und zweiten Ausbildungsphase vermittelt wird.

Fragen der Berufsmotive stehen daher nicht umsonst im Zentrum von Berufseignungsverfahren. Herlt & Schaarschmidt haben (2007) dazu ein Selbsterkundungsverfahren für Interessenten am Lehramtsstudium entworfen. Die folgende Tabelle zeigt in der Übersicht die 21 relevanten Fragenkomplexe.

Tab. 2.3. *Fit für den Lehrerberuf? 21 Fragenkomplexe (nach Herlt & Schaarschmidt, 2007, S. 166 f.).*

	Skala	Ich als Lehrer ...
1	Freude am Umgang mit Kindern und Jugendlichen	bin gern mit jüngeren Menschen zusammen und empfinde ihre Gegenwart nicht als Belastung.
2	Fähigkeit zur Misserfolgsverarbeitung	lasse mich von Misserfolgen nicht unterkriegen, lerne aus Niederlagen.
3	Verantwortungsbereitschaft	setze mich gern für andere Menschen ein.
4	Humor	locker, schlagfertig und witzig bin.
5	Frustrationstoleranz	verkrafte auch Vorwürfe, Enttäuschungen und Kränkungen.
6	Wissens- und Informationsbedürfnis	bin offen für Neues und interessiere mich für aktuelle Entwicklungen.
7	Stimme	kann auf eine kräftige und ausdauernde Stimme vertrauen.
8	Durchsetzungsvermögen in sozial-kommunikativen Situationen	kann auch bei Widerstand und Konflikten entschieden und souverän auftreten.
9	Flexibilität	bin in der Lage, mich auf unvorhergesehene oder rasch verändernde Bedingungen einzustellen.
10	Soziale Sensibilität	kann mich in die Probleme und Bedürfnisse anderer Menschen hineinversetzen.

	Skala	Ich als Lehrer, ...
11	Anstrengungs- und Entbehrungsbereit-schaft	bin bereit, auch am Abend und am Wochenende zu arbeiten und ggf. Privates zurückzustellen.
12	Didaktisches Geschick	kann zu vermittelnde Inhalte gut strukturieren und erklären.
13	Sicherheit im öffentlichen Auftreten	kann auch in Gruppensituationen souverän und überzeugend auftreten.
14	Erholungs- und Entspannungsfähigkeit	bin in der Lage, in der Freizeit abzuschalten und zu regenerieren.
15	Ausdrucksfähigkeit	kann mich klar, verständlich und adressatengerecht ausdrücken.
16	Stabilität bei emotionalen Belastungen	lasse mich durch emotionale Belastungen nicht auf längere Dauer verunsichern.
17	Begeisterungsfähigkeit	kann andere Menschen überzeugen, motivieren und mitreißen.
18	Freundlich-keit/Warmherzigkeit	erlebe mich als kontaktfreudigen und herzlichen Menschen.
19	Fähigkeit zum rationellen Arbeiten	bin der Lage, Prioritäten zu setzen und die Arbeitsaufgaben in organisierter und rationeller Weise zu bewältigen.
20	Stressresistenz	kann auch unter Bedingungen der Reizüberflutung, Aufgabenfülle und Zeitdruck kontrolliert handeln.
21	Beruflicher Idealismus	will mit Optimismus und Tatkraft pädagogisch arbeiten.

Selbstverständlich sind die genannten Eigenschaften nicht alle vollständig und in jeder Situation einzuhalten. Angehende Lehrer sollten aber möglichst in vielen Bereichen die aufgelisteten Fragen positiv beantworten.

2.2 Rollen klären und ausfüllen

Rollentheoretische Analysen zum Lehrerberuf haben vor allem in den 70er Jahren eine wichtige Rolle in der Lehrerforschung eingenommen (vgl. z.B. Combe 1971; Nave-Herz 1977)[3]. Allgemein kann der Begriff Rolle bzw. soziale Rolle nach Joas (1991, S. 141) folgendermaßen definiert werden:

> „Eine *soziale Rolle* ist ein Bündel normativer Verhaltenserwartungen, die [von einer oder mehreren Bezugsgruppen] sich an das Verhalten von Positionsinhabern richten.“

Für den einzelnen Lehrer existieren insgesamt vor allem sechs Bezugsgruppen, die unterschiedliche Erwartungen an die Lehrerrolle stellen:

- Schüler
- Eltern
- Kollegen
- Schulleitung
- Behörde
- Gesellschaft

Die Erwartungen werden ganz unterschiedlich sein und können zu einem Konflikt führen, wie das folgende Beispiel zeigt.

---

[3] Es lassen sich grundsätzlich zwei unterschiedliche Perspektiven erkennen. Zum eine funktionalistische Perspektive und zum anderen eine symbolisch-interaktionistische Perspektive (vgl. genauer Terhart, 1994, S. 16).

> *Junglehrer A. hat Unterricht in seiner Klasse 9. Es ist die letzte Stunde der Klasse für heute und einige Schüler bitten Herrn A. doch die Stunde bei dem schönen Sommerwetter auf dem Schulhof im Sitzkreis abzuhalten. Herr A. hat aber gerade heute ein Gespräch zweier Kollegen mitbekommen, die sich darüber beschwerten, dass ein vernünftiger Unterricht im Freien – wie das Referendarin P. häufig praktiziert – wohl nicht möglich ist. Außerdem wollen die anderen Schüler dann auch alle nach draußen …*

Lehrer A. befindet sich in einem *Intrarollenkonflikt*, da Erwartungen von zwei verschiedenen Bezugsgruppen an ein und dieselbe Person bzw. an eine Rolle in Konflikt geraten[4].
Die Gesellschaft als letzte Bezugsgruppe formuliert keine direkten Verhaltenserwartungen an den Lehrer. Sie stellt eher allgemeine Erwartungen an die Institution Schule. Fend sieht (1980) insgesamt drei zentrale Funktionen, die Schule erfüllen muss:

* Qualifikationsfunktion
* Selektionsfunktion
* Sozialisationsfunktion

Heckhausen formuliert (1974, S. 557 f.) sechs verschiedene *(Lehrer-)Rollen* die von Jirasko (1994) auf neun Rollenaspekte erweitert werden (vgl. Tabelle 2.4.).

---

[4] Ein *Interrollenkonflikt* liegt dann vor, wenn die Erwartungen an verschiedene Rollen einer Person in Konflikt geraten. Beispielsweise erwarten die Schüler von Herrn A., dass er die Klassenarbeit schnell korrigiert und zurückgibt. Die Familie von Herrn A. erwartet aber beispielsweise einen Sonntagsausflug.

Tab. 2.4. *Aspekte des Rollenhandelns von Lehrern (nach Jirasko, 1994, S. 221 f.).*

Der Lehrer als ...	Aspekte der Rolle
formale Autorität	Lehrplan einhalten, Schulgesetze beachten, Bildungsziele verwirklichen, auf Ordnung und Disziplin achten, etc.
Fachmann	Fachkenntnisse besitzen, Fragen beantworten können, didaktisch optimale Unterrichtsgestaltung beherrschen, etc.
Selektionsinstanz	Über Zukunft der Schüler mitentscheiden, Schullaufbahnentscheidungen treffen, Wahl erfolgloser Ausbildungen verhindern, etc.
Sozialisationsvermittler	Vorbereitung auf die Gesellschaft, Normen und Werte, Gesetze und Regeln vermitteln, gesellschaftliche Zusammenhänge aufzeigen, etc.
Vorbild	Erwünschtes Verhalten vorleben, vorbildhafte Lebensweise haben, bewundert werden können, etc.
Freund und Partner	Viel Verständnis haben, Vertrauen und persönliches Verhältnis herstellen, für Probleme aufnahmebereit sein, etc.
Förderer	Begabungen fördern, Benachteiligungen und Schwächen ausgleichen, Unterstützung anbieten, etc.
Individualitätsförderer	Selbstbewusstsein stärken, Individualität erkennen helfen, Fähigkeiten und Schwächen berücksichtigen, etc.
Privatperson	Persönliche Meinungen vertreten, persönliche Gefühle ausdrücken, Stärken und Schwächen nicht verbergen, Fehler zugeben, etc.

Bei dieser Auflistung wird zum einen die Nähe zu den Berufsmotiven deutlich (Tabelle 2.1 und 2.2). Darüber hinaus zeigt sich die Fülle an Erwartungen, die an den einzelnen Lehrer herangetragen werden.

Eine Fokussierung auf den Lenkungsgrad in pädagogischen Situationen bei der Betrachtung von Rollenhandeln findet sich bei Bauer. Er sieht (2005, S. 18) die Rolle der Lehrkraft bei niedrigem Lenkungsgrad der Schüler als Leiter, Vorbild, Experte. Bei größerer Selbstständigkeit der Lernenden ist die Lehrerrolle eher Coach, Prozessbegleiter, Berater oder gar Teilnehmer. Dabei wird keine Wertung in dem Sinne vorgenommen, dass minimale Lenkung dem Ideal entspricht und die Lehrerrolle als Coach anzustreben ist. Gleichwohl hat sich die Lehrerrolle in den letzten Jahren stark gewandelt und stellt die heutigen Lehrer vor neue Herausforderungen (vgl. z.B. Gudjons 2006, 2007; Miller 2007).

Insbesondere in der Berufseingangsphase stellt daher der Rollenwechsel eine besondere Aufgabe des Lehrers dar. Rogler (vgl. 2008, S. 47) plädiert für einen bewussten Vollzug des Rollenwechsels und die Akzeptanz von Ambivalenzen: Bin ich eher Sozialpädagogin oder eher Fachfrau? Bin ich eher strenger Erwachsener oder eher Kumpel? Brauche ich eher ein festes Regelwerk oder Raum für Spontanität? Wie autoritär trete ich auf?

Insbesondere Fragen nach Autorität und Disziplin sind in den letzten Jahren wieder verstärkt in die Diskussion um Schule in den Mittelpunkt gerückt worden. Die Diskussion wird dabei oft hitzig geführt, da beide Begriffe eine gewisse Zweideutigkeit besitzen. So bieten Autorität und Disziplin in vielen Situationen eine hilfreiche Ordnung, die unterstützt und orientiert, steht aber auch für eine Art widerspruchslose Unterordnung der Heranwachsenden (vgl. z.B. Heymann, 2006a; Werning, 2002). Insbesondere in den ersten Berufsjahren ist der Umgang mit der eigenen Autorität nicht immer einfach. Häufig verstehen sich Lehrer zu Beginn ihrer beruflichen Tätigkeit eher als partnerschaftlicher Begleiter, denn als autoritärer Leiter. Das aber ein gewisses Maß an Autorität unumgänglich ist, zeigen zahlreiche Erfahrungsberichte (z.B. Siewert, 2006; Heymann, 2006b). Letztlich muss jeder Lehrer seine Rolle in der Schule für sich definieren und ist sicherlich gut beraten eine größtmögliche Authentizität anzustreben. Anregungen und Übungen zur Rollenfindung bieten z.B. die Publikationen von Miller (2005; 2006).

2.3 Kompetenzen offen legen und erweitern

Der Kompetenzbegriff ist eines der Schlagworte der Schuldebatten der letzten Jahre. Längst hat die Forderung nach Kompetenzentwicklung auch die Lehrerschaft erreicht. Dazu zur Einstimmung ein Auszug eines Interviews aus der Wochenzeitung Die Zeit (Nr. 17) aus dem Jahre 2005 mit dem Titel „Neue Lehrer braucht das Land".

Die Zeit: Lehrer stehen unter Druck. Sie sollen nicht nur Mathe und Deutsch unterrichten, sondern auch das Lernen lehren, sie müssen Sozialarbeiter, Psychologen und Mediatoren sein. Gute Lehrer braucht das Land! Doch was ist ein guter Lehrer?

Enja Riegel: Ein guter Lehrer hat Lust auf Schüler, identifiziert sich mit seiner Schule, ist psychisch belastbar und neugierig. Er hat Interesse an seinen Fächern, arbeitet sich in neue Fächer ein, versteht sein Handwerk. Ein guter Lehrer ist einer, der mit unterschiedlichen Kindern arbeiten kann und der sich freut, wenn sie unterschiedlich sind.

Die Zeit: Das klingt nach einem sehr seltenen Tier.

Enja Riegel: Gute Lehrer gibt es in Deutschland sehr selten. Es werden zu viele Leute Lehrer, weil sie Beamte werden wollen, deshalb gehört der Beamtenstatus abgeschafft. Manche Lehrer flüchten Mittags schneller in ihren Golf als Schüler aufs Fahrrad. Die Hauptschuld daran trägt das System: Lehrer werden zu Schmalspurfachwissenschaftlern ausgebildet. Dann gehen sie in ein Studienseminar, wo sie lernen, das Gesamtkunstwerk Einzelstunde zu zelebrieren. Danach können die gar nicht anders, als diese schrecklichen Stunden geben, 45 Minuten, dann kommt die nächste Klasse und das nächste Fach. [...]

Die Zeit: Herr Zöllner, warum bleibt so wenig von dem Enthusiasmus, mit dem viele junge Lehrer in den Beruf einsteigen?

Jürgen Zöllner: Der Kernpunkt ist, dass wir bei der Lehrerausbildung zu lange die wissenschaftliche Ausbildung in den Vordergrund gestellt haben. Letzten Endes wollten die Damen und Herren Germanisten und Anglisten werden und nicht Lehrer. Dabei müssen Lehrer – noch stärker als andere Berufsgruppen – ihre Sach- und Fachkenntnis mit einem hohen Maße an Kommunikationsfähigkeit und Einfühlungsvermögen verbinden.

Die Zeit: Das scheint viele Lehrer zu überfordern.

Manfred Prenzel: Wir finden eine ganze Menge an Hinweisen, die zeigen, dass Lehrkräfte psychisch stark belastet sind. Der Lehrerberuf ist in Deutschland hochgradig individualisiert. Jeder arbeitet für sich allein, und jeder hat auch den Eindruck, dass er persönlich versagt hat. […] Wir müssen innerhalb der Schule, aber auch zwischen den Schulen sehr viel mehr an Zusammenarbeit zwischen Lehrkräften haben. […]

Jürgen Zöllner: Sie müssen die Lehrerausbildung organisatorisch permanent mit der Schulpraxis verzahnen und begleitende Praktika vom ersten Semester an anbieten, damit der Praxisschock beim Betreten der Schule nicht so groß ist.

Enja Riegel: Ehemalige Schulleiterin

Jürgen Zöllner: Wissenschaftsminister des Landes Rheinland-Pfalz

Manfred Prenzel: Bildungsforscher und BRD-Chef der PISA-Studie

In dem Interviewauszug werden einige zentrale Kompetenzen, die einen guten Lehrer ausmachen, genannt. Darüber hinaus wird in einem verstärkten Praxisbezug der universitären Lehrerausbildung ein Schlüssel zur Kompetenzentwicklung gesehen. Ein Trend, der sich durchaus in den Reformbemühungen einzelner Bundesländer widerspiegelt. Was genau sind aber Kompetenzen?

Weinert unterscheidet (1999) zwischen einem engen und einem weiten Begriffsverständnis. Im engeren Sinne sind Kompetenzen, die bei einem Individuum verfügbaren oder von ihnen erlernbaren kognitiven Fähigkeiten und Fertigkeiten, um bestimmte Probleme zu lösen.

Kompetenzen im weiteren Sinne beinhalten neben *fachlichem Wissen* und *kognitiven Fähigkeiten* auch die damit verbundenen *motivationalen, willensmäßigen* und *sozialen Bereitschaften* und *Fähigkeiten*.

Aus den übergeordneten Kompetenzen lassen sich Standards ableiten. Standards sind dabei jeweils auf einen bestimmten Lernbereich bezogen, legen eine Zielgröße fest und definieren konkrete Anforderungen (vgl. genauer Hartig & Klieme, 2006; Klieme et al., 2003; Ditton, 2007). Die Kultusministerkonferenz (KMK) hat 2004 zentrale Kompetenzen für angehende Lehrer formuliert (vgl. Tabelle 2.5.).

Tab. 2.5. *Kernkompetenzen von Lehrern (nach KMK, 2005).*

Kom-petenz	Beschreibung Der Lehrer ...
1	plant Unterricht fach- und sachgerecht und führt ihn sachlich und fachlich korrekt durch.
2	unterstützt durch die Gestaltung von Lernsituationen das Lernen von Schülern. Er motiviert Schüler und befähigt sie, Zusammenhänge herzustellen und Gelerntes zu nutzen.
3	fördert die Fähigkeit von Schülern zum selbstbestimmten Lernen und Arbeiten.
4	kennt die sozialen und kulturellen Lebensbedingungen von Schülern und nimmt im Rahmen der Schule Einfluss auf deren individuellen Entwicklung.
5	vermittelt Werte und Normen und unterstützt selbstbestimmtes Urteilen und Handeln von Schülern.
6	findet Lösungsansätze für Schwierigkeiten und Konflikte in Schule und Unterricht.

Zu jeder Kompetenz formuliert die KMK Standards für die theoretische und die praktische Ausbildung. Die folgende Tabelle zeigt zum Beispiel die Konkretisierung für die letzte Kompetenz (vgl. Tabelle 2.6.).

Tab. 2.6. *Standards zur Kompetenz 6 der KMK (nach KMK, 2005).*

Standards für die theoretische Ausbildung	Standards für die praktische Ausbildung
Der Absolvent … • verfügt über Kenntnisse zu Kommunikation und Interaktion (unter besonderer Berücksichtigung der Lehrer-Schüler-Interaktion). • kennt Regeln der Gesprächsführung sowie Grundsätze des Umgangs miteinander, die in Unterricht, Schule und Elternarbeit bedeutsam sind. • kennt Risiken und Gefährdungen des Kindes- und Jugendalters sowie Präventions- und Interventionsmöglichkeiten. • analysiert Konflikte und kennt Methoden der konstruktiven Konfliktbearbeitung und des Umgangs mit Gewalt	Der Absolvent … • gestaltet soziale Beziehungen und soziale Lernprozesse in Unterricht und Schule. • erarbeitet mit den Schülern Regeln des Umgangs miteinander und setzt diese um. • wendet im konkreten Fall Strategien und Handlungsformen der Prävention und Lösung von Konflikten an.

Allerdings sollten die geforderten Kompetenzen mit den konkreten Standards nicht unkritisch übernommen werden (vgl. z.B. Heymann, 2009).
Ein anderes Modell stammt von Bauer (2005). Bauer unterscheidet (ebd., S. 20) drei Arten von Kompetenzen von Lehrern:

• fachliche,
• fachdidaktische und
• überfachlich pädagogische Kompetenzen.

In seinem Modell widmet sich Baur vor allem der letzten Gruppe. Er verwendet dazu den Begriff der pädagogischen Basiskompetenzen. Baur formuliert insgesamt sechs Dimensionen, wobei jede Dimension noch einige Subdimensionen enthält (vgl. Tabelle 2.6.). In seiner Publikation (ebd.) bietet der Autor zu zahlreichen Subdimensionen praktische Übungsvorschläge an:

Tab. 2.6. *Pädagogische Basiskompetenzen (nach Bauer, 2005).*

Dimensionen	Subdimensionen
Ziele klären und Inhalte strukturieren	Ziele klären, Wichtiges hervorheben, logisch oder kausal verknüpfen, analog verknüpfen, sequentiell ordnen, reduzieren.
Soziale Strukturen bilden	Leiten und führen, Selbstorganisation fördern, Soziale Bindungen fördern, Regeln entwickeln, Großgruppen anleiten, Kleingruppen anleiten, Partnerarbeit/Teamarbeit anleiten.
Interaktion steuern	Gefühle wahrnehmen, Gefühle zeigen, Humor zeigen, moderieren, Diskussionen anleiten, spielen, Wertschätzung zeigen, Gefühle wahrnehmen.
Kommunizieren und Informieren	Aktiv zuhören, Feedback geben, Feedback empfangen, Beratungsgespräch führen, visualisieren, Diskussion leiten, vortragen, Fragen stellen.
Lernumgebungen gestalten	Körper einsetzen, Anfänge/Abschlüsse inszenieren, Rituale schaffen, Rollen darstellen, Website einrichten, Parcours aufbauen, Rhythmen finden, aus Räumen Lernräume machen, Clown spielen, Material finden.
Hintergrundarbeit leisten (Planen und Organisieren)	Rolle klären, planen, organisieren, archivieren, schriftliche Leistungen bewerten, evaluieren, Karriere reflektieren, von Sorgen lösen, subjektive Theorien prüfen, Zeitmanagement.

Natürlich lässt sich über einige Subdimensionen trefflich diskutieren. Auf den ersten Blick ist z.B. nicht einzusehen, warum ein kompetenter Lehrer den Clown spielen sollte oder das Einrichten einer Website eine Basiskompetenz darstellt.

Einen sehr differenzierten Ansatz zur Dimensionierung von Lehrerkompetenzen hat Oser (1997) entwickelt. Oser formuliert darin insgesamt zwölf Standardgruppen, wobei Standards für ihn (ebd., S. 28) einerseits durch Leistungs- und Qualifikationsniveaus geprägt sind, andererseits aber auch Richtschnur für Ausbildung und deren Evaluation sein sollen. Die zwölf Standardgruppen sind in der folgenden Tabelle dargestellt.

Tab. 2.7. *Zwölf Standardgruppen für den Lehrerberuf (nach Oser, 2001, S. 215 f.).*

	Standard	**Die Fähigkeit des Lehrers ...**
1	Lehrer-Schüler-Beziehungen und fördernde Rückmeldung	eine positive Beziehung zu den Kindern und im Klassenraum ein menschliches und angstfreies Klima zu schaffen. Der Lehrer sollte das Geschehen im Klassenzimmer und die einzelnen Schüler stets sorgfältig im Auge haben.
2	Schülerunterstützendes Handeln und Diagnose	durch richtiges Diagnostizieren kritische Entwicklungen und Probleme zu erkennen und angemessen zu handeln.
3	Bewältigung von Disziplinproblemen und Schülerrisiken	bei Konflikten und Problemen in der Schulklasse angemessen zu handeln.
4	Aufbau und Förderung von sozialem Verhalten	das soziale Verhalten der Schüler zu fördern. Der Lehrer macht aus einer heterogenen Klasse eine Gemeinschaft von Menschen, die sich akzeptieren und unterstützen.
5	Lernstrategien vermitteln und Lernprozesse begleiten	die Schüler in die Lage zu versetzen, selbstständig und effizient zu lernen.

6	Gestaltung und Methoden des Unterricht	einen abwechslungsreichen und methodisch reichhaltigen Unterricht zu geben.
7	Leistungsmessung	die Leistungen der Schüler vielseitig, gerecht und effizient zu überprüfen und zu beurteilen.
8	Medien	Medien im Unterricht sinnvoll einzusetzen.
9	Zusammenarbeit in der Schule	mit Kollegen, der Schulleitung, den Eltern und der Schulaufsicht eine Kooperation aufzubauen.
10	Schule und Öffentlichkeit	Kontakte mit der Öffentlichkeit herzustellen und die Schule nach außen zu vertreten.
11	Selbstorganisationskompetenz	den Schulalltag ohne unnötigen Kräfteverschleiß erfolgreich zu bewältigen.
12	Allgemeine und fachdidaktische Standards	die in der Ausbildung relativ häufig vorkommen und als Instruktionstechniken bezeichnet werden.

Das besondere an den Standards von Oser liegt darin, dass im Rahmen einer empirischen Studie untersucht wurde, in welcher Weise die Ausbildung von Lehrern (in der Schweiz) eine Standardsicherung erreicht hat. Die Forscher kommen dabei zu sehr ernüchternden Ergebnissen (vgl. Oser & Oelkers, 2001) und fordern eine radikale Reform der Lehrerbildung.
Für Helmke (2005, S. 120 f.) hat der Ansatz von Oser vor allem zwei Vorteile. Zum einen beschränken sich die Standards nicht nur auf den eigentlichen Unterricht, zum anderen sind sie sehr detailliert und konkret. So werden zu jedem Standard konkrete Ziele (Items) der Lehrerbildung formuliert. Die folgende Tabelle enthält die konkreten Items für den zwölften Standard:

Tab. 2.8. *Items des Standards ‚Allgemeine und fachdidaktische Standards' (nach Oser, 2001).*

Der Lehrer kann ...
gesellschaftliche und fachlich bedeutsame Lerninhalte auswählen.
Lernziele im kognitiven, emotionalen und/oder psychomotorischen Bereich formulieren.
die ausgewählten Lerninhalte sach- und lernlogisch (z.B. vom Konkreten zum Abstrakten) gliedern.
den Unterricht so aufbauen, dass verschiedene Formen der sozialen Interaktion möglich sind.
die Unterrichtsdurchführung an seiner Planung orientieren und trotzdem bei Bedarf flexibel reagieren.
unterschiedliche Methoden und Sozialformen inhaltsspezifisch angepasst einsetzen.
Methoden variieren und die Methodenwahl begründen.
die wichtigsten Schritte des Problemlösens erkennen und weiß, wie man sie im Unterricht verwirklicht.
Schülern reale Erfahrungen ermöglichen, diese reflektieren und mit vemitteltem Wissen koppeln.
bei Schülern ein Konzept oder einen Begriff aufbauen und anwenden und lässt sie dabei aktiv mitarbeiten.
Fachinhalte mit Hilfe des Lehrplans und der Schulbücher klar strukturieren.
Vor- und Nachteile unterschiedlicher Schulbücher des Faches aufzeigen.
Fachlehrmittel bewerten, auswählen und dem Lehrplan entsprechend einsetzen.
mit den Schülern übersichtliche und realistische Tages-, Wochen-, Halbjahres- und Jahrespläne erstellen.
zu einer Lektion eine inhaltliche Strukturskizze erstellen.
exemplarische Inhalte auswählen.

die Inhalte des Fachlehrplans sinnvoll in ein Unterrichtsprogramm verarbeiten.
selbst Übungsmaterialien, ähnlich wie sie sich in einem Lehrbuch finden, herstellen.
sinnvoll Hausaufgaben erteilen und überprüfen.
den Schülern Möglichkeiten geben, neue Lerninhalte mehrfach zu verarbeitung (z.B. schriftlich, bildlich, etc.)
alternative Lehr-Lern-Strukturen erfolgreich durchführen, z.B. Projekte, Epochenunterricht, etc.

Die hier dargestellten Kompetenzmodelle stellen nur einige von zahlreichen anderen Kompetenzmodellen dar. Sicherlich finden sich an der einen oder anderen Stelle Ansatzpunkte einer kritischen Analyse. Es wird allerdings sehr deutlich, wie breit und differenziert die Kompetenzen sind, über die ein Lehrer im Idealfall verfügen sollte. Es gilt für den einzelnen Lehrer zu prüfen, in welchen Bereichen er bereits über profunde Kompetenzen verfügt und in welchen Bereichen er noch Nachholbedarf hat. Dies erscheint mir eine Aufgabe zu sein, die den Lehrer sein ganzes Berufsleben begleitet und Professionalität langfristig sichern kann.

Ganz zentral muss m. E. die Einsicht gewertet werden, dass man als Lehrer unmöglich in allen Kompetenzbereichen gleich gut handeln und allen Erwartungen immer gerecht werden kann. Somit können die Akzeptanz der eigenen Fehlbarkeit und das Aushalten von Spannungen und Widersprüchen als besonders bedeutsame Qualitäten für anhaltende Berufszufriedenheit angesehen werden (vgl. zum Verlauf möglicher Berufsbiographien z.B. konkret die Studien von Hubermann, 1991; Sikes, Measor & Woods, 1991 oder im Überblick Kunze & Stelmanszyk, 2008).

Dazu passend erscheint mir der so genannte *sokratische Eid* für Lehrer, den Hartmut von Hentig (1993, S. 246) als pädagogisches Pendant zum antiken Eid des Hippokrates, den Ärzte bei ihrer Approbation leisten müssen, entworfen hat. Der Text lautet:

Der Sokratische Eid für Lehrer

Als Lehrer und Erzieher verpflichte ich mich,

- *die Eigenheiten eines jeden Kindes zu achten und gegen jedermann zu verteidigen;*
- *für seine körperliche und seelische Unversehrtheit einzustehen;*
- *auf seine Regung zu achten, ihm zuzuhören, es ernst zu nehmen;*
- *zu allem, was ich seiner Person antue, seine Zustimmung zu suchen, wie ich es bei einem Erwachsenen täte;*
- *das Gesetz seiner Entwicklung, soweit es erkennbar ist, zum Guten auszulegen und dem Kind zu ermöglichen, dieses Gesetz anzunehmen;*
- *seine Anlagen herauszufordern und zu fördern;*
- *seine Schwächen zu schützen, ihm bei der Überwindung von Angst und Schuld, Bosheit und Lüge, Zweifel und Misstrauen, Wehleidigkeit und Selbstsucht beizustehen, wo es das braucht;*
- *seinen Willen nicht zu brechen - auch nicht, wo er unsinnig erscheint; ihm vielmehr dabei zu helfen, seinen Willen in die Herrschaft seiner Vernunft zu nehmen;*
- *es also den mündigen Verstandesgebrauch zu lehren und die Kunst der Verständigung und des Verstehens;*
- *es bereit zu machen, Verantwortung in der Gemeinschaft zu übernehmen und für diese;*
- *es auf die Welt einzulassen, wie sie ist, ohne es der Welt zu unterwerfen, wie sie ist;*
- *es erfahren zu lassen, was und wie das gemeinte gute Leben ist;*
- *ihm eine Version von der besseren Welt zu geben und Zuversicht, dass sie erreichbar ist;*
- *Wahrhaftigkeit zu lehren, nicht die Wahrheit, denn „die ist bei Gott".*

Damit verpflichte ich mich:

- *so gut ich kann, selbst vorzuleben, wie man mit den Schwierigkeiten, den Anfechtungen und Chancen unserer Welt und mit den eigenen immer begrenzten Gaben, mit der eigenen immer gegebenen Schuld zurechtzukommen;*
- *nach meinen Kräften dafür zu sorgen, dass die kommende Generation eine Welt vorfindet, in der es sich zu leben lohnt und in der die ererbten Lasten und Schwierigkeiten nicht deren Ideen, Hoffnungen und Kräfte erdrücken;*
- *meine Überzeugungen und Taten öffentlich zu begründen, mich der Kritik - insbesondere der Betroffenen und Sachkundigen- auszusetzen, meine Urteile gewissenhaft zu prüfen.*
- *mich dann jedoch allen Personen und Verhältnissen zu widersetzen - dem Druck der öffentlichen Meinung, dem Verbandsinteresse, dem Beamtenstatus, der Dienstvorschrift, wenn sie meine hier bekundeten Vorsätze behindern.*

Der Text kann und soll hier nicht genauer analysiert werden. Allerdings wird dem Leser bei der Lektüre des skizzierten Ideals etwas mulmig. Einen Einspruch dazu findet sich bei Meyer (1997, S. 164). Dieser bewertet (ebd., S.165) die Ansprüche an einen Lehrer heute als happig. Sie seien „im wahrsten Sinne des Wortes unermesslich geworden, während die Erfolge der Arbeit erstens begrenzt und zweitens selten oder nie mit Eindeutigkeit zu erkennen sind."

Aus diesem Grund erscheint für Meyer (ebd., S.166) eine wichtige Kompetenz der Lehrer im ökonomischen Umgang mit den eigenen Kräften und das Sich-Abgrenzen-Können. Darüber hinaus kann m. E. eine weitere Voraussetzung als ebenso einfach wie grundlegend angesehen werden: Ein guter Lehrer muss Kinder mögen und keine – wie Helmut Fend warnt – Entsorgungsmentalität ausbilden!

Literaturverzeichnis

Bauer, O. (2005). *Pädagogische Basiskompetenzen: Theorie und Training*. Bad Heilbrunn: Klinckhardt.

Combe, (1971). *Kritik der Lehrerrolle: Gesellschaftlichen Voraussetzungen und soziale Folgen des Lehrerbewusstseins*. Frankfurt am Main: List.

Ditton, H. (2007). Erwartungen verdeutlichen und Ergebnisse sichern. Was wissen wir über Kompetenzorientierung. *Pädagogik*, (9) 59, 40-43.

Fend, H. (1980). *Theorie der Schule*. München: Urban & Schwarzenberg.

Gudjons, H. (2006). *Neue Unterrichtskultur – veränderte Lehrerrolle*. Bad Heilbrunn: Klinkhardt.

Gudjons, H. (2007). Beruf: LehrerIn: Wandlungen – Widersprüche – Wunschbilder. *Pädagogik*, 59 (9), 6-10.

Hartig, J. & Klieme, E. (2006). Kompetenz und Kompetenzdiagnostik. In K. Schweizer (Hrsg.), *Leistung und Leistungsdiagnostik* (S. 127-143). Berlin: Springer.

Heckhausen, H. (1974). Lehrer-Schüler-Interaktion. In F.E. Weinert et al. (Hrsg.), *Pädagogische Psychologie*. Bd. 1 (S. 547-573). Frankfurt am Main: Fischer.

Helmke, A. (2005). *Unterrichtsqualität erfassen, bewerten, verbessern* (4. Aufl.). Seelze: Kallmeyer.

Hentig, H. (1993). *Die Schule neu denken*. München: Hanser.

Herlt, S. & Schaarschmidt, U. (2007). Fit für den Lehrerberuf ?! Ein Selbsterkundungsverfahren für Interessenten am Lehramtsstudium. In U. Schaarschmidt & U. Kieschke (Hrsg.), *Gerüstet für den Schulalltag: Psychologische Unterstützungsangebote für Lehrerinnen und Lehrer* (S. 157-181). Weinheim: Beltz.

Heymann, H.W. (2006a). Autorität im Schulalltag. *Pädagogik*, 58 (2), 6-9.

Heymann, H.W. (2006b). „Wie schaffe ich es, dass die Schüler mich ernst nehmen?" *Pädagogik*, 58 (2), 32-37.

Heymann, H.W. (2009). Praxis bildet – aber wie? *Pädagogik*, 61 (9), S. 6-9.

Huberman, M.(1991). Der berufliche Lebenszyklus von Lehrern: Ergebnisse einer empirischen Untersuchung. In E. Terhart (Hrsg.), *Unterrichten als Beruf. Neuere amerikanische und englische Arbeiten zur Berufskultur und Berufsbiografie von Lehrerinnen und Lehrern* (S. 249-267). Köln: Böhlau.

Jirasko, M. (1994). Was Lehrer für wichtig halten: Rollenorientierte Zielvorstellungen von Lehrern unterschiedlicher Schularten. In J. Mayr (Hrsg.), *Lehrer-in werden* (S. 218-230). Innsbruck: Studienverlag.

Joas, H. (1991). Rollen- und Interaktionstheorien in der Sozialisationsforschung. In K. Hurrelmann & D. Ulich, D. (Hrsg.), *Neues Handbuch der Sozialisationsforschung* (S. 137-152). Weinheim: Beltz.

Kiel, E., Pollak, G., Eberle, T., Braune, A. & Schliessleder, M. (2007). Lehrer werden ist nicht schwer …?! Die problematische Studienwahl von Lehramtstudierenden. *Pädagogik*, 59 (9), 11-15.

Klieme, E. et al. (Hrsg.) (2003). *Zur Entwicklung nationaler Bildungsstandards – Eine Expertise*. Berlin: BMBF/DIPF.

Kultusministerkonferenz (KMK) (Hrsg.) (2005). *Standards für die Lehrerbildung: Bildungswissenschaften*. Beschluss der KMK vom 16.12.2004. Verfügbar über: www.kmk.org/ fileadmin/veröffentlichungen_beschluesse/2004/2004_12_16-Standards-Lehrerbildung.pdf.

Kunze, K. & Stelmanszyk, B. (2008). Biographien und Berufskarrieren von Lehrerinnen und Lehrern. In W. Helsper & J. Böhme (Hrsg.). *Handbuch der Schulforschung* (2. durchgesehene Aufl.) (S. 821-838). Wiesbaden: VS.

Meyer, H. (1997). *Schulpädagogik. Bd. 1: Für Anfänger*. Berlin: Cornelsen.

Miller, R. (2005). *Sich in der Schule wohl fühlen* (6. Aufl.). Weinheim: Beltz.

Miller, R. (2006). *99 Schritte zum professionellen Lehrer* (3. Auf.). Weinheim: Beltz.

Miller, R. (2007). Vom Lehr-Herrn zum Unterrichtsentwickler. *Pädagogik*, 59 (9), 20-23.

Nave-Herz, R. (1977). *Die Rolle des Lehrers. Eine Einführung in die Lehrersoziologie und in die Diskussion um den Rollenbegriff.* Neuwied: Luchterhand.

Oser, F. (1997). Standards in der Lehrerbildung. *Beiträge zur Lehrerbildung*, 15 (1), 26-37.

Oser, F. Oelkers, J. (Hrsg) (2001). *Die Wirksamkeit der Lehrerbildungssysteme.* Zürich: Rüger.

Rogler, S. (2008). Die ersten Tage eines Berufseinsteigers an der Schule. Der Einstieg im Einstieg. *Pädagogik*, 60 (4), 46-50.

Sikes, P.J., Measor, L. & Woods, P. (1991). Berufslaufbahn und Identität im Lehrerberuf. In E. Terhart (Hrsg.), *Unterrichten als Beruf. Neuere amerikanische und englische Arbeiten zur Berufskultur und Berufsbiografie von Lehrerinnen und Lehrern* (S. 231-248). Köln: Böhlau.

Siewert, J. (2006). „An meiner Freundlichkeit wäre ich fast gescheitert …" Bericht über den schmerzhaften Lernprozess vom Berufsanfänger zum gestandenen Lehrer. *Pädagogik*, 58 (2), 14-17.

Terhart, E. et al. (1994). *Berufsbiographien von Lehrerinnen und Lehrern.* Frankfurt am Main: Lang.

Ulich, K. (2004). *„Ich will Lehrer(in) werden". Eine Untersuchung zu den Berufsmotiven von Studierenden.* Weinheim: Beltz.

Weinert, F. E. (1999). Konzepte und Kompetenz. Paris: OECD.

Werning, R. (2002). Disziplin: Pädagogische Beziehungen gestalten. In G. Becker et al. (Hrsg.), *Disziplin. Sinn schaffen - Rahmen geben - Konflikte bearbeiten.* (Friedrich Jahresheft XX) (S. 4-7). Seelze: Friedrich.

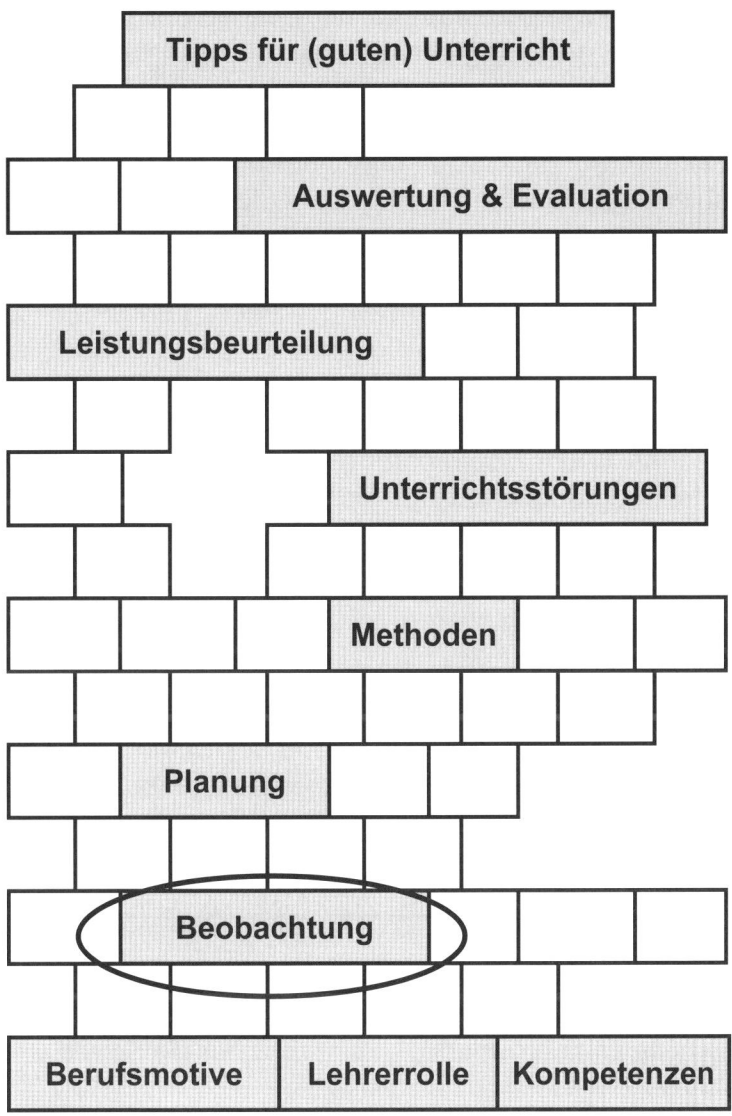

3. Unterricht systematisch beobachten

Für Lehrkräfte an Schulen stellt die Beobachtung eine zentrale Tätigkeit des Unterrichtens dar. Es wird beobachtet wie die Schüler sich verhalten, wie sie dem Unterricht folgen, ihn mitgestalten oder auch abgelenkt werden. Die Deutung der jeweiligen Beobachtung hat entscheidenden Einfluss auf das Lehrerhandeln. So wird beispielsweise einem Schüler das Wort erteilt, der sich meldet; ein anderer ermahnt, weil er mit seinem Mitschüler redet oder es werden auf der Grundlage von Beobachtungen Noten erteilt.

Beobachtungen müssen in einem hochkomplexen Geschehen wie dem Unterricht selektiv ablaufen. Jeder Lehrer besitzt dazu so genannte implizite Selektionsraster, die allerdings zum überwiegenden Teil unbewusst ablaufen.

In diesem Kapitel werden nach einer Begriffsbestimmung zur wissenschaftlichen Beobachtung (1) verschiedene Beobachtungsarten vorgestellt (2). Im weiteren Verlauf wird die Erstellung eines geeigneten Beobachtungsbogens erläutert und an einem Beispiel verdeutlicht (3).

3.1 Was ist wissenschaftliches Beobachten?

Die wissenschaftliche Beobachtung stellt ein Erhebungsverfahren der empirischen Forschung dar. In der wissenschaftstheoretischen Literatur findet sich eine Vielzahl verschiedener Beobachtungsarten und -verfahren. Zur Veranschaulichung daher zunächst ein Beispiel:

> *Student S. hat für die ersten Tage seines Orientierungspraktikums von seinem Praktikumsbetreuer den Auftrag erhalten sich einen ersten Überblick über die Schule und einzelne Klassen zu verschaffen …*

Aus der Vielzahl von möglichen Beobachtungshilfen und Beobachtungsbögen seien im Folgenden einige zusammengestellt.

Zur Begleitung einer Klasse bzw. eines Kurses bieten sich folgende Fragenkomplexe an:

- Welches Leistungsverhalten zeigt die Lerngruppe in den verschiedenen Fächern bzw. bei verschiedenen Lehrern?
- Welches disziplinarische Verhalten zeigt sich in den verschiedenen Fächern?
- Welches Aufmerksamkeits- oder Konzentrationsvermögen zeigt sich im Laufe des Vormittags?
- Welche disziplinarischen Probleme treten auf? Wie gehen Lehrer und Schüler damit um?
- Was machen die Schüler in den Pausen oder vor Beginn des Unterrichts?
- Wie ist das soziale Klima in der Klasse? Welche sozialen Strukturen oder Gruppierungen gibt es?
- ...

Sinnvoll ist es auch einzelne Lehrkräfte über einen längeren Zeitraum, z.B. eine Unterrichtstag, zu begleiten. Dabei können folgende Fragen die Beobachtung leiten:

- Inwiefern werden Unterschiede im Leistungsverhalten berücksichtigt?
- Wie werden fachliche oder disziplinarische Konflikte gelöst?
- Werden disziplinarische Maßnahmen ergriffen? Wenn ja, welche?
- Wie werden Fragen und Impulse gegeben?
- Wie wird mit Hemmungsfaktoren umgegangen? (z.B. fehlende Mitarbeit, mangelnde Konzentrationsfähigkeit, Unruhe, Lethargie, Widerstände)
- Welcher Umgang mit Schülern in den verschiedenen Schulstufen zeigt sich?
- ...

Zu Fragen ist, bei einzelnen Aspekten bzw. Beobachtungen, ob mögliche Ursachen oder Hintergründe zu erkennen sind. Zur Beobachtung des eigentlichen Unterrichtsverlaufes in einer Schulstunde bietet sich die folgende Vorgehensweise an:

Zum Einstieg: Wie beginnt der Lehrer seinen Unterricht?

- Anknüpfung an die vorherige Stunde?
- Hausaufgabe, Wiederholung?
- Nennung des Themas, Frage, Feststellung?
- Wie reagieren die Schüler?
- …

Zur Erarbeitungsphase: Wie wird das Thema/das Problem/die Aufgabe angegangen?

- Werden Lernziele, Arbeitsziele oder Problemstellungen formuliert?
- Werden die Schüler an der Planung des Vorgehens beteiligt?
- Welche Methoden werden angewendet?
- Gehen die Schüler das Problem selbstständig an?
- Ist eine Lehrerfrage/ein Lehrerimpuls Ausgangspunkt?
- Steuert der Lehrer fragend-entwickelnd den Fortgang?
- Welche Medien/Materialien werden eingesetzt?
- Wie reagieren die Schüler?
- …

Zum Schluss: Wie wird das Ergebnis gesichert bzw. integriert in vorhandenes Wissen?

- Zusammenfassung durch einen Schüler?
- Anwendungsaufgaben?
- Übungsaufgaben?
- Transfer?
- Ausblick auf das Thema der folgenden Stunde?
- …

Nach der ersten Praktikumswoche hat sich Praktikant S. einen ersten Überblick verschafft. Er möchte nun Unterricht systematischer beobachten. Für seinen Praktikumsbericht hat er den Auftrag, sich ein Thema bzw. einen Beobachtungsschwerpunkt auszuwählen und diesen in einer Klasse genauer zu beobachten ...

Stefan hat in letzter Zeit viel darüber gelesen, dass sich die Schüler heute nicht mehr lange konzentrieren können; er wählt deshalb das Thema ‚Unaufmerksamkeit im Unterricht'. Er möchte das Verhalten der Klasse 6c beobachten. Nach seiner ersten Beobachtungsstunde, einer Geschichtsstunde bei Herrn B., ist Stefan allerdings etwas ratlos. Zwar hat er irgendwie viele Anzeichen von Unaufmerksamkeit beobachtet, aber seine Beobachtungsnotizen bestehen lediglich aus einigen Einzelaspekten (Herr B. ruft Nico zur Ordnung, Peter wirft mit Papierkügelchen, ...).

Das Problem des Studenten liegt in einer mangelnden Vorbereitung. Um eine wirklich wissenschaftliche und keine nur ‚naive' Beobachtung durchzuführen, müssen einige Bedingungen erfüllt sein. Wissenschaftliche Beobachtung liegt nach (Greve & Wentura, 1997) im Vergleich zur alltäglichen Beobachtung dann vor, wenn vier Merkmale gegeben sind:

- Es wird eine Absicht verfolgt bzw. Annahmen werden geprüft.
- Es erfolgt eine systematische Selektion bestimmter Aspekte.
- Es werden Daten erhoben, die anschließend nach bestimmten Kriterien ausgewertet werden.
- Es werden Kriterien der Replizierbarkeit und Objektivität berücksichtigt.

In unserem Beispiel trifft allenfalls das erste Merkmal zu. Insbesondere die systematische Selektion und ein gut vorbereiteter Beobachtungsbogen erscheinen von entscheidender Bedeutung. Das letzte Merkmal bezieht sich darauf, dass bei wissenschaftlicher Forschung Gütekriterien einzuhalten sind[5]. Ein solches Merkmal wird für den Studenten Stefan aus dem oben skizzierten Beispiel zunächst eine eher untergeordnete Rolle spielen. Sollte er aber, zum Beispiel für eine Abschlussarbeit, die Beobachtung als Erhebungsmethode einsetzen, so wird er sich verstärkt mit solchen Gütekriterien auseinander setzen müssen.

3.2 Beobachtungsarten

Es gibt verschiedene Arten der Beobachtung, die sich nach einzelnen Kriterien unterscheiden lassen (vgl. z.B. Atteslander, 2003; Diekmann, 2005; Kromrey, 2006):

Teilnehmend oder Nicht-teilnehmend

Dieses Kriterium zielt auf die Stellung des Beobachters ab. Bei einer teilnehmenden Beobachtung hat der Beobachter aktive und gewollte Rollen im Unterrichtsgeschehen, z.B. wenn der unterrichtende Lehrer etwas beobachtet. Diese strenge Zweiteilung ist allerdings etwas unscharf. So nimmt Student Stefan zwar nicht aktiv am Unterrichtsgeschehen teil, verändert aber eventuell durch seine Anwesenheit die Situation bzw. das Verhalten der Beteiligten.

Einige Autoren (z.B. Lamnek, 2005) schlagen vor, eher von einer passiv-teilnehmenden Beobachtung zu sprechen. Darüber hinaus wirkt in einer teilnehmenden Beobachtung, die klassisch in der Ethnografieforschung eingesetzt wird, der Vorteil so genannter Reaktivitätseffekte. Das bedeutet, dass mögliche Reaktionen der Beobachteten, die nur auftreten, weil sie beobachtet werden, minimiert werden. Manns (1987) weist dagegen auf die Problematik der ‚Doppelrolle' hin, da Emotionen die während der Handlung auftreten die Beobachtungsergebnisse verzerren könnten.

---

[5] Man unterscheidet insgesamt drei Hauptgütekriterien (Objektivität, Reliabilität und Validität) und eine Reihe von Nebengütekriterien (z.B. Ökonomie) (vgl. genauer z.B. Bortz & Döring, 2006).

In dieser Diskussion wird deutlich, dass die hier als Merkmale verwendeten gegensätzlichen Begriffspaare häufig zur genauen Einteilung nicht ausreichen.

Offen oder Verdeckt

Offen ist eine Beobachtung dann, wenn den agierenden Personen bekannt ist, dass sie beobachtet werden. Eine verdeckte Beobachtung hat den Vorteil, dass bestimmte Fehlerquellen ausgeschlossen werden können (z.B. die Beobachteten verhalten sich eventuell anders, wenn diese wissen, dass sie beobachtet werden). Allerdings lässt sich häufig eine verdeckte Beobachtung ethisch nicht vertreten und ist in der Schule ohnehin in der Regel verboten.

Unstrukturiert oder Strukturiert

Diese Unterscheidung führt oft zu Widersprüchen, da unstrukturiert zum Teil mit unsystematisch gleichgesetzt wird. Daraus resultiert der Irrglaube, dass eine unstrukturierte Beobachtung keine wissenschaftliche Beobachtung ist. Unstrukturiert meint aber, dass der Beobachtung kein Beobachtungsschema zugrunde liegt. Lamnek schlägt (2005) daher vor, besser von standardisierter und nicht-standardisierter Beobachtung zu sprechen. Somit ist die Unterscheidung abhängig vom Forschungsparadigma mit einer induktiven bzw. heuristischen Beobachtung auf der einen und einer deduktiven Beobachtung auf der anderen Seite.

In heuristischen Beobachtungen hofft der Beobachter (in Bezug auf die Forschungsfrage), dass sich das, was er betrachtet, zu einer Struktur, zu einer Systematik ordnet, dass er das Muster, das sich hinter dem individuellen Durcheinander verbirgt nach und nach erkennt, dass er interessante Zusammenhänge erkennt (vgl. Gerve & Wentura, 1997, S. 21). Bezogen auf unser Beispiel kann demnach eine erste unstrukturierte Beobachtung, wie sie Stefan durchführt, insofern lohnenswert sein, als erst dabei deutlich wird, welche weiteren genaueren strukturierten Beobachtungen sinnvoll sind. Im Rahmen der Lehrerausbildung werden allerdings vor allem strukturierte Beobachtungen anhand eines vorgegebenen bzw. selbst erstellten Beobachtungsbogens durchgeführt.

Fremdbeobachtung oder Selbstbeobachtung

Im Allgemeinen wird in erziehungswissenschaftlicher Forschung eine Fremdbeobachtung angewendet. Bei der Fremdbeobachtung sind Subjekt und Objekt der Beobachtung nicht identisch. Es kann natürlich auch reizvoll sein, eine Selbstbeobachtung durchzuführen. Dabei würde man sich mithilfe vorher festgelegter Kriterien selbst genauer beobachten. So wäre es denkbar, dass sich Student Stefan bei seinen ersten Unterrichtsversuchen die Beobachtungsaufgabe stellt, in welcher Weise er seine Hände im Unterrichtsgeschehen einsetzt.

Feldbeobachtung oder Beobachtung im Labor

Laborbeobachtungen kommen vor allem in der Psychologie im Rahmen von Experimenten zum Einsatz. Die Unterrichtsforschung beobachtet die Probanden dagegen im Unterricht, demnach in ihrer ,natürlichen' Umwelt bzw. im ,Feld'.
Allerdings sprechen einige Autoren (z.B. Lamnek 2001, S. 268) auch von der natürlichen vs. künstlichen Beobachtungssituation. Hier werden bezogen auf die Erforschung von Phänomenen des Unterrichts theoretische Schwierigkeiten deutlich, denn Unterricht wird ja auch eigens inszeniert und entspricht nicht unbedingt der ,natürlichen' Situation der Heranwachsenden.

Technisch vermittelte oder unvermittelte Beobachtung

Dieses Kriterium taucht in vielen Methodenbüchern nicht auf, erscheint aber im Hinblick auf die Reproduzierbarkeit und Objektivität eine wichtige Rolle zu spielen. Vereinfacht ausgedrückt muss unterschieden werden, zwischen Beobachtungen die gespeichert werden (z.B. per Video) und solchen, bei denen der Beobachter direkt seine Beobachtungen aufschreibt. Dass eine Videokamera das Verhalten der beobachteten Forschungssubjekte verändert, hat sich nach Manns (vgl. 1987, 25) nicht bestätigt. Manns (vgl. ebd.) weist insbesondere auf die Wiederholbarkeit und die Möglichkeit der Verlangsamung durch Zeitlupe als entscheidende Vorteile hin. Allerdings können Kameraschwenks und Zoomingeffekte die Aufmerksamkeit steuern und dadurch selektierend wirken. Dadurch würde eventuell dann die Auswertung verfälscht. Aufgrund des großen Aufwandes werden Videostudien nur selten durchgeführt. Außerdem muss darauf hingewiesen werden, dass Bildaufnahmen von Schülerinnen und Schüler nur mit ausdrücklichem Einverständnis der Erziehungsberechtigten gestattet sind.

Student Stefan hat nach diesen Merkmalen eine *nichtteilnehmende, offene, strukturierte, unvermittelte Fremdbeobachtung im Feld* durchgeführt. Bei der Vorbereitung der nächsten Beobachtungsstunde grenzt Stefan zunächst die Beobachtung ein. Bei seiner ersten Beobachtung sind ihm vor allem zwei Schüler (Sven und Carsten) aufgefallen, die besonders unaufmerksam waren und von ihrem Lehrer sehr oft ermahnt wurden. Es gilt nun einen geeigneten Beobachtungsbogen zu erstellen.

Die Gestaltung des Beobachtungsbogens hängt natürlich entscheidend von dem Ziel der Beobachtung ab. Will man vor allem auf den Unterrichtsgang und die Gespräche im Unterricht betrachten, so erscheint ein *Wortprotokoll* sinnvoll zu sein. Darin werden alle Lehrer- und Schüleraussagen möglichst wortgetreu mitgeschrieben. Ein solches Verfahren ist allerdings sehr aufwendig und ohne Erfahrungen mit Stenoschrift bzw. Medienunterstützung, wobei der Unterricht zunächst mit einem Tonband aufgenommen und anschließend verschriftlicht wird, kaum über einen längeren Zeitraum durchzuführen. Eine Alternative stellen *zusammenfassende Protokolle* dar. Dabei wird mit eigenen Worten ein Unterrichtsverlauf beschrieben. Diese Form der Unterrichtsdokumentation kann als Form eines *pädagogischen Tagebuchs* zwar sinnvoll sein, aufgrund des hohen subjektiven Anteils kann dabei allerdings nur schwer von einer wissenschaftlichen Beobachtung die Rede sein. Wissenschaftliche Beobachtung stützt sich in der Regel auf bestimmte Zeichensysteme in die konkret vorkommende Verhaltensweisen eingeordnet werden können. Zeichensysteme ermöglichen eine Reduktion des Wahrzunehmenden.

3.3 Erstellung eines Beobachtungsbogens

Nach Durchsicht einiger Methodenbücher wird Student Stefan schnell klar, dass die Formulierung von genauen *Beobachtungskategorien* die entscheidende Rolle spielt. Eine Beobachtungskategorie muss in Anlehnung an Bortz & Döring (2006) drei Kriterien erfüllen:

Die Kategorie muss exakt definiert sein (Genauigkeitskriterium).

Das bedeutet, dass der Beobachter ein Verhalten genau einer Kategorie zuordnen kann. So wäre beispielsweise die Kategorie, der Schüler meldet sich, recht genau definiert, da es für den Beobachter leicht erkennbar ist, ob der Schüler den Arm hebt oder nicht.

Die Kategorien müssen sich gegenseitig ausschließen (Exklusivitätskriterium).

Das bedeutet, dass es keine Überschneidungen von zwei Kategorien geben darf. Nehmen wir an, Student Stefan hat u.a. die beiden folgenden Kategorien formuliert: *der Schüler schreibt in sein Heft* und *der Schüler beschäftigt sich nicht mit dem Unterrichtsgeschehen*.
Sollte allerdings der beobachtete Schüler während der Unterrichtsstunde nun etwas in sein Heft schreiben oder malen, obwohl es vom Unterrichtsgeschehen (z.B. ein Tafelbild wurde erstellt) her gar nichts einzutragen gibt, so hat der Beobachter ein Problem.

Die Kategorien müssen das Merkmal erschöpfend beschreiben (Exhaustivitätskriterium).

Nach Bortz & Döring (2006, S. 140) müssen allgemein die Kategorien nach diesem Kriterium so geartet sein, „dass jedes Untersuchungsobjekt einer Merkmalskategorie zugeordnet werden kann." So wäre es in unserem Beispiel denkbar, dass einer der beiden beobachteten Schüler während des Unterrichts eine gewisse Zeit nicht anwesend ist, weil er auf die Toilette gegangen ist.

Greve & Wentura (1997) schlagen für solche Fälle vor, eine so genannte *Rest-Klasse* bzw. *Sonstiges* in das Kategoriensystem zu integrieren. Allerdings weisen einige Autoren (z.B. Bortz & Döring, 2006) daraufhin, dass eine solche Rest-Klasse für wissenschaftliche Zwecke nur begrenzt brauchbar ist, da sich darin Beobachtungen mit sehr unterschiedlichen Merkmalsausprägungen befinden.

Wie genau die Kategorien definiert werden hängt von dem Ziel der Beobachtungsstudie bzw. von der zugrunde liegenden Fragestellung ab. So wäre es beispielsweise denkbar, dass Student Stefan seine Beobachtung mit nur zwei Kategorien durchführt: *der Schüler folgt dem Unterricht* bzw. *der Schüler beschäftigt sich mit anderen Dingen*. Eine solche Kategorien hat den Vorteil, dass sie relativ leicht zu benutzen ist und mithilfe der Quantifizierungen (z.B. Sven ist 17 Minuten dem Unterrichtsgeschehen gefolgt) Vergleiche erleichtert werden. Der Nachteil liegt natürlich in der Oberflächlichkeit. Student Stefan möchte z.B. genauer wissen, welches Verhalten der Schüler zeigt, wenn er offensichtlich *nicht* dem Unterricht folgt. Er erarbeitet daher folgende Kategorien:

Der Schüler …

- hört dem Lehrer oder Mitschüler zu.
- meldet sich.
- gibt einen Unterrichtsbeitrag.
- notiert etwas.
- redet mit seinem Nachbarn.
- malt oder schreibt etwas.
- macht Geräusche.

Die Kategorien entsprechen einer so genannten *dichotomen nominalskalierten* Merkmalsausprägung, sie haben genau zwei Abstufungen. Entweder der Schüler meldet sich oder er meldet sich nicht. Eine andere Möglichkeit sind so genannte *Ratingskalen*, wie man sie häufig in Fragebögen findet.

Um die Art und Weise wie diese Beobachtung konkret abläuft zu erfassen, müssen noch weitere grundlegende Unterscheidungen vorgenommen werden. So muss zunächst zwischen einer *Zeittakt-* und der *Person-als-Einheit-Methode* unterschieden werden. Im Rahmen der Zeittaktmethode wird in einem vorher festgelegten Zeitintervall das beobachtete Verhalten mit einem vorher vereinbarten Zeichen klassifiziert. Bei der Person-als-Einheit-Methode spielt die Zeit zunächst keine Rolle, es wird ausschließlich beobachtet, ob eine Person ein vorher festgelegtes Verhalten zeigt oder nicht[6].

Damit wird eine weitere Unterscheidung notwendig, nämlich wann ein beobachtetes Verhalten dokumentiert wird. Man unterscheidet zwischen einem *Sortier-* und einem *Detektorverfahren*. Beim Sortierverfahren wird während einer Beobachtung eine der vorher festgelegten Beobachtungskategorien isoliert und dokumentiert.

Je nach gewählter Beobachtungseinheit und Dokumentationsverfahren wird Student Stefan unterschiedliche Beobachtungsbögen verwenden. Ein Bogen für eine Zeittaktmethode nach einem Sortierverfahren findet sich in der folgenden Tabelle:

---

[6] Diese beiden Methoden bezeichnet man als so genannte *formale Einheiten*. Daneben lassen sich auch *semantische* bzw. *natürliche Einheiten* bilden, die allerdings komplexer sind und weitreichende Erfahrungen voraussetzen (vgl. genauer Greve & Wentura, 1997, S. 84f.).

Tab. 3.1. *Beispiel für das Sortierverfahren nach der Zeittaktmethode.*

Beobachtungsbogen für Sven Der Schüler ...	1	2	3	4	5	6	7	8	9
hört dem Lehrer o. Schüler zu									
meldet sich									
gibt einen Unterrichtsbeitrag									
notiert etwas									
redet mit seinem Nachbarn									
malt oder schreibt etwas									
macht Geräusche									
Sonstiges									

Student Stefan hat als Zeiteinheiten fünf Minuten ausgewählt und die Unterrichtsstunde also in neun Einheiten unterteilt. Der Beobachter hat nun die Aufgabe das Verhalten des Schülers genau zu beobachten und am Ende einer Zeiteinheit das hauptsächlich in dieser Einheit aufgetretene Verhalten zu erfassen und in das Beobachtungsprotokoll einzutragen.

Nehmen wir an, der Schüler Sven hat im Laufe einer Zeiteinheit zwar kurz mit seinem Nachbarn geredet, ansonsten aber dem Lehrer und seinen Mitschülern zugehört, so müsste ein Kreuz oder ein Strich in das Feld ‚Schüler hört dem Lehrer zu'. Wissenschaftstheoretisch haben Zeitintervalle im Hinblick auf eine Berechnung der Zuverlässigkeit viele Vorteile, da sich die Notierung eines Beobachters genau zuordnen und besser mit anderen Beobachtern vergleichen lässt. Die Gefahr besteht aber darin, dass der Beobachtete kein Verhalten zeigt, welches in dem vorher festgelegten Kategoriensystem vorhanden ist.

Bei Detektorverfahren gibt es diese Schwierigkeiten nicht, da der Beobachter nur dann dokumentiert, wenn bestimmte Ereignisse entdeckt werden. Ein möglicher Beobachtungsbogen ist in der folgenden Tabelle dargestellt:

Tab. 3.2. *Beispiel für das Detektorverfahren nach der Zeittaktmethode.*

Schüler	Beobachtete Kategorien	Bemerkungen
Sven		
Carsten		
Anne		

Kategoriensystem	
hört dem Lehrer o. Mitschüler zu	ZH
meldet sich	ME
gibt einen Unterrichtsbeitrag	UB
notiert etwas	NO
redet mit seinem Nachbarn	RE
malt oder schreibt etwas	MS
macht Geräusche	GE

Bei der Beobachtung wird immer dann, wenn eine Kategorie auftritt die Abkürzung hinter dem Namen des beobachteten Schülers notiert. Student Stefan benutzt diesen Beobachtungsbogen in seiner nächsten Hospitationsstunde. Das Ergebnis zeigt die folgende Tabelle.

Tab. 3.3. *Ergebnisbeispiel für das Detektorverfahren nach der Zeittaktmethode.*

Schüler	Beobachtete Kategorien	Bemerkungen
Sven	ZH, RE, ZH, MS, RE, ZH	
Carsten	ZH, ME, UB, ZH, ME, UB, GE, ZH, RE, ZH, ME, ZH,	

Nach dieser Beobachtung ist Student Stefan ebenfalls nicht zufrieden. Zwar hat er die Reduktion auf zwei Schüler als sehr positiv empfunden. Dem Dokumentationsergebnis steht er aber sehr kritisch gegenüber.

Zunächst erscheint die Kategorienliste nicht für alle Unterrichtsformen gleichermaßen praktikabel. So wurde in der beobachteten Unterrichtsstunde über einen längeren Zeitraum eine Gruppenarbeit durchgeführt. Darin ist natürlich das Reden mit dem Sitznachbarn anders zu bewerten als in Formen des Frontalunterrichts. Zur weiteren Eingrenzung entschließt sich Student Stefan daher besonders Unterrichtsphasen zu beobachten, in denen der Lehrer die Methode des Frontalunterrichts anwendet (Kap. 5). Dies leuchtet ein, da eine Kategorie wie ,*der Schüler redet mit einem Mitschüler*' im Gruppenunterricht kein Zeichen für Unaufmerksamkeit sein muss.

Darüber hinaus lassen aufgrund der fehlenden Zeitdimension die Beobachtungsergebnisse keine Rückschlüsse auf den Grad der Aufmerksamkeit des Schülers zu. So ist entscheidend, wie lange die Phasen des Zuhörens (ZH) bei Sven im Vergleich zum Reden mit den Nachbarn gedauert haben. Mit diesen Erfahrungen entschließt sich Student Stefan in der nächsten Stunde ein Zeittaktverfahren anzuwenden (vgl. Tab. 3.4.). Er kommt zu folgendem Ergebnis:

Tab. 3.4. *Beispiel für das Sortierverfahren nach der Zeittaktmethode.*

Beobachtungs- bogen für Sven	1	2	3	4	5	6	7	8	9	10
hört dem Lehrer o. Mitschüler zu	X	X	X		X				X	X
meldet sich				X						
gibt einen Unter- richtsbeitrag										
notiert etwas										
redet mit seinem Nachbarn						X	X			
malt oder schreibt etwas										
macht Geräusche										
Sonstiges								X		

Die Beobachtung dauerte insgesamt 10 Minuten. Die Zeitdimensionen wurden so verändert, dass eine Einheit jeweils 60 Sekunden dauerte. Student Stefan ist mit dem Ergebnis bereits zufriedener. Er sieht allerdings immer noch einige Probleme.

Zum einen scheinen ihm die 60 Sekunden-Intervalle immer noch zu lang und damit zu ungenau zu sein.

Zum anderen erscheinen ihm einige Kategorien uneindeutig. So ist der Schüler Sven nach dem Beobachtungsergebnis zu einem großen Teil dieser Unterrichtsphase aufmerksam dem Unterricht gefolgt, da die Kategorie ,*der Schüler hört dem Lehrer o. Mitschüler zu*' insgesamt sechsmal notiert wurde. Hier bleibt aber eine gewisse Unsicherheit, da der Beobachter natürlich nicht sehen kann, was sich im Kopf des Schülers abspielt. Ob er wirklich dem Unterrichtsgeschehen folgt und zuhört oder seine Gedanken abschweifen bleibt dem Beobachter verborgen.

Streng genommen lässt sich ein solches Problem mit wissenschaftlicher Beobachtung nicht lösen.

Student Stefan will sich aber damit (noch) nicht zufrieden geben und versucht mit den bereits erwähnten Ratingskalen die Genauigkeit der Beobachtung zu erhöhen.

Ratingskalen (von engl. rating = Einschätzung) zählen vor allem in standardisierten Fragebögen zu den in der Sozialwissenschaft am häufigsten verwendeten, aber auch umstrittensten Erhebungsinstrumenten. Ratingskalen geben durch Zahlen, verbale Beschreibungen oder Beispiele markierte Abschnitte einer Merkmalsausprägung vor (Bortz & Döring, 2006). Der Beobachter kreuzt diejenige Stufe der Ratingskala an, die nach dem subjektiven Empfinden zutreffen.

Es gibt ganz verschiedene Varianten von Ratingskalen, bei denen *ordinal-* oder *intervallskalierte* Urteile abgegeben werden (vgl. genauer Bortz & Döring 2006, 176 ff.). In Beobachtungsstudien werden vor allem *unipolare* und *bipolare Ratingskalen* verwendet. Bei bipolaren Ratingskalen werden die beiden Extrempunkte durch zwei gegensätzliche Begriffe markiert. In unserem Beispiel etwa *aufmerksam* und *unaufmerksam*. Zwischen diesen Extrempunkten werden numerische, verbale, symbolische oder grafische Marken gesetzt. Demnach könnten bipolare Ratingskalen für unser Beispiel folgendermaßen aussehen:

Tab. 3.5. *Beispiel für bipolare Ratingskalen.*

Numerische Marken								
unaufmerksam	-3	-2	-1	0	1	2	3	aufmerksam
unaufmerksam	---	--	-	+	++	+++		aufmerksam
Grafische Marken								
unaufmerksam	X---------------------------------------X							aufmerksam

Bei den beiden Beispielen für numerische Marken wird deutlich, dass das zweite Beispiel auf eine neutrale Mittelkategorie verzichtet. Der Beobachter muss sich also entscheiden, ob er den zu beobachtenden Schüler eher als unaufmerksam oder eher als aufmerksam beurteilt. Die Vor- und Nachteile von geraden bzw. ungeraden Skalen hat z.B. Raithel (2006) dargestellt.

Unipolare Ratingskalen kommen zum Einsatz, wenn sich kein gegensätzlicher Begriff finden lässt oder ein natürlicher Nullpunkt beschrieben werden soll. Für unser Beispiel wäre folgende Ratingskala denkbar.

Tab. 3.6. *Beispiel für unipolare Ratingskalen.*

Grad der Aufmerksamkeit des Schülers Sven Der Schüler ist …				
gar nicht aufmerk-sam	wenig aufmerk-sam	mittelmäßig aufmerk-sam	ziemlich aufmerk-sam	beson-ders aufmerk-sam

In diesem Beispiel wurden verbale Marken eingesetzt. Student Stefan erscheinen allerdings die Ratingskalen für sein Beobachtungsziel wenig hilfreich, da sie zunächst sehr subjektiv erscheinen. Darüber hinaus wäre auch die Zeitdimension zu ergänzen. Gleichwohl werden solche Ratingsskalen bei wissenschaftlichen Beobachtungen eingesetzt (vgl. genauer Greve & Wentura 1997, S. 129 ff.). Um die Subjektivität zu minimieren, müssen aber so genannten Diagnosemerkmale formuliert werden. So ist zu fragen, an welchen Signalen der Beobachter gesteigerte Aufmerksamkeit erkennen kann (z.B. die Blickrichtung). Darüber hinaus werden in der Regel mehrere Beobachter eingesetzt deren Ergebnisse dann miteinander verglichen werden, um die Objektivität zu erhöhen.

Student Stefan verfeinert in den verbleibenden Hospitationsstunden sein erarbeitetes Beobachtungsinstrument (Tab. 3.4). Außerdem will er mit den Lehrern der Klasse und mit den Schülern selbst sprechen, um mehr über die Hintergründe der eventuell vorhandenen Unaufmerksamkeit zu erfahren.

Literaturverzeichnis

Atteslander, P. (2003). *Methoden der empirischen Sozialforschung* (10. neu bearbeitete und erweiterte Aufl.). Berlin, New York: de Gruyter.

Bortz, J. & Döring, N. (2006). *Forschungsmethoden und Evaluation für Human- und Sozialwissenschaftler* (4. überarbeitete Aufl.). Heidelberg: Springer.

Diekmann, A. (2005). *Empirische Sozialforschung: Grundlagen, Methoden, Anwendungen.* (13. Aufl.). Reinbek: Rowohlt.

Greve, W. & Wentura, D. (1997). *Wissenschaftliche Beobachtung: Eine Einführung.* Weinheim: Beltz.

Kromrey, H. (2006). *Empirische Sozialforschung* (11., überarbeitete Aufl.). Stuttgart: UTB.

Lamnek, S. (2005). *Qualitative Sozialforschung* (4. vollständig überarbeitete Aufl.). Weinheim: Beltz.

Manns, M. (et. al.) (1987). *Beobachtungsverfahren in der Verhaltensdiagnostik. Eine systematische Darstellung ausgewählter Beobachtungsverfahren.* Salzburg: Müller.

Raithel, J. (2006). *Quantitative Forschung.* Ein Praxiskurs. Wiesbaden: VS.

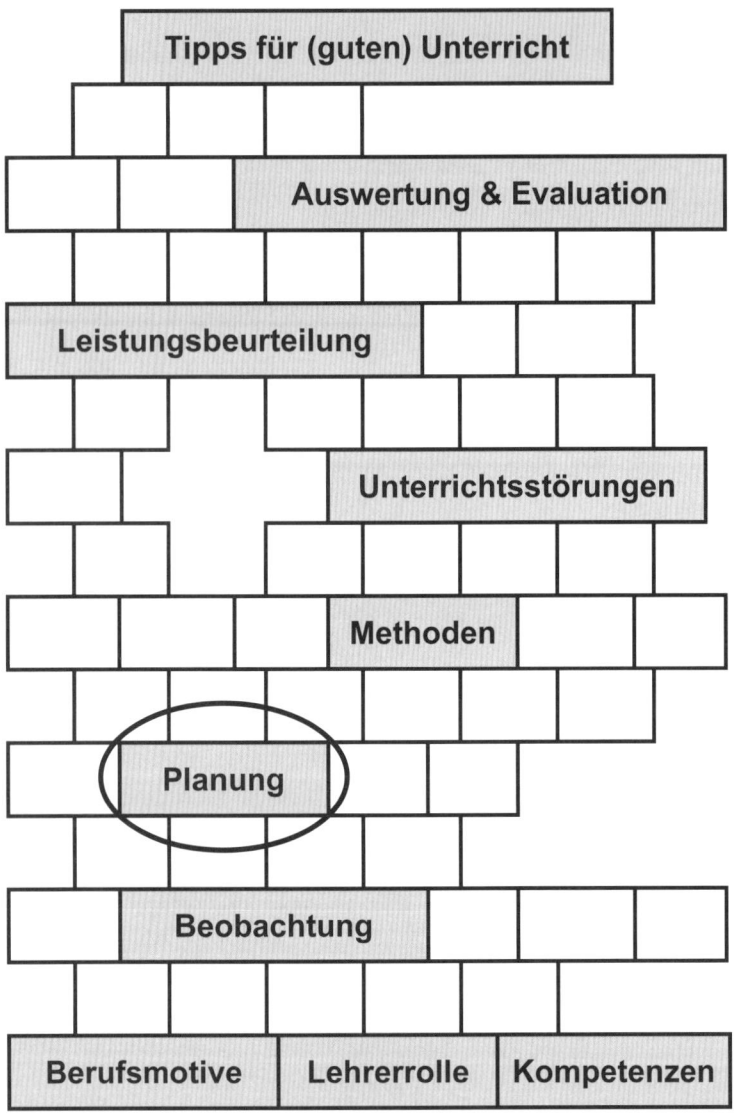

Tipps für (guten) Unterricht

Auswertung & Evaluation

Leistungsbeurteilung

Unterrichtsstörungen

Methoden

Planung

Beobachtung

Berufsmotive Lehrerrolle Kompetenzen

4. Unterricht planen & vorbereiten

Die Planung von Unterricht stellt eine elementare Tätigkeit des Lehrerberufes dar. Aus diesem Grund spielt das Thema Unterrichtsplanung in der Lehrerausbildung eine herausragende Rolle.

In diesem Kapitel werden die Grundzüge der Unterrichtsplanung vorgestellt. Dabei geht es nach einer begrifflichen Klärung (1) mehr um die Darstellung der einzelnen Schritte der Planung (2) und weniger um theoretische Modelle bzw. -konzepte der allgemeinen Didaktik, die bereits in zahlreichen anderen Publikationen sehr ausführlich dargestellt worden sind[7] (vgl. z.B. Adl-Amini & Künzli 1991; Blankertz 2000, Gudjons & Winkel 2006; Kron 2006; Jank & Meyer 2005, Peterßen 2000, Terhart 2009). Daran anschließend werden die Dokumentation der schriftlichen Unterrichtsplanung sowie Aspekte des Planungsalltags thematisiert (3).

4.1 Begriffsdefinitionen

In der Literatur werden häufig die Begriffe Unterrichtsplanung und Unterrichtsvorbereitung synonym gebraucht. Schorch schlägt (2001) vor, jede längerfristige Verteilung oder Bereitstellung des Lehrstoffes als *Unterrichtsplanung*, kurzfristige Maßnahmen als *Unterrichtsvorbereitung* zu bezeichnen. In eine ähnliche Richtung geht die Begriffsdefinition von Sandfuchs (2006, S. 684):

---

[7] Erwähnt seien hier einige zentrale Modelle, die heute noch mehr oder weniger in der Lehrerausbildung eine Rolle spielen: Die bildungstheoretische Didaktik (Klafki, 1963; 1996), Lehr-Lern-Theoretische Didaktik (Heimann, Otto & Schulz, 1965), Lernzielorientierte Didaktik (Mager, 1965, Möller, 1973), kritisch-kommunikative Didaktik (Winkel, 2006).

53

„Als **Unterrichtsplanung** oder **Unterrichtsdurchführung** werden alle dem Unterricht vorausgehenden Maßnahmen bezeichnet, die das Lehren und Lernen im Unterricht selbst optimieren sollen. Die Begriffe werden teils synonym verwandt, teils wird die Planung als weitreichend und entweder als übergeordnet angesehen oder für größere Planungszeiträume verwandt."

Pragmatischer definiert Peterßen (2000) und sieht die Planungstätigkeit des Lehrers eingebunden in einen Kreislauf von insgesamt vier Unterrichtsmomente (vgl. Abb. 4.1.):

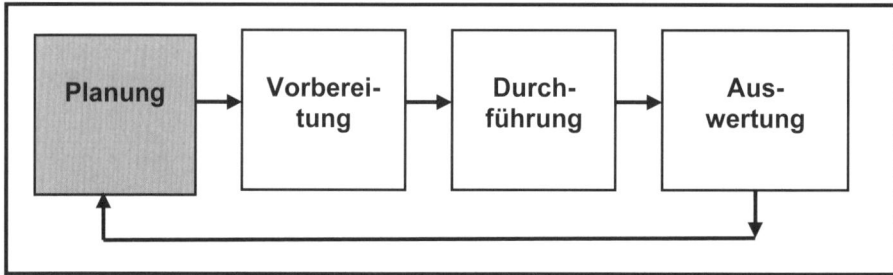

Abb. 4.1. Momente des Unterrichts.

Peterßen benutzt demnach die beiden Begriffe nicht synonym. Als *Unterrichtsplanung* wird nach Peterßen (ebd., 11) „jener Teil der Unterrichtswirklichkeit bezeichnet, in dem Entscheidungen darüber fallen, wie der Unterricht im einzelnen ablaufen soll."
Die Entscheidungen beziehen sich auf verschiedene Dimensionen des Unterrichts. In vielen Publikationen zur Unterrichtsplanung werden diese häufig von dem von Heimann, Otto & Schulz (1965) entwickelten Planungsmodells der lerntheoretischen Didaktik abgeleitet[8].

---

[8] Die so genannte lerntheoretische Didaktik geht auf Heimann (1962) zurück und wurde von Heimann, Otto & Schulz (1965) unter dem Begriff ‚Berliner Modell' ausdifferenziert. Das Modell wurde von Schulz (1981) weiterentwickelt. Da Schulz mittlerweile in Hamburg lehrte, nannte er seine Weiterentwicklung das „Hamburger Modell".

In diesem Modell leiten die soziokulturellen und die anthropogenen Voraussetzungen der Schüler die Unterrichtsplanung. Fragen nach dem Wissensstand oder der Sozialkompetenz der Schüler werden dabei beantwortet. Vor dem Hintergrund dieser so genannten Rahmenbedingungen sind insgesamt vier Entscheidungsfelder für die Planung von Unterricht relevant (Ziele, Inhalte, Methoden und Medien) (vgl. Abb. 4.2.).

Abb. 4.2. Planungsmodell der lerntheoretischen Didaktik (vereinfacht nach Schmoll, 2008).

Zum Verständnis des Begriffes der Unterrichtsplanung sind vier Prinzipien der lerntheoretischen Didaktik von entscheidender Bedeutung:

- Das *Prinzip der Interaktion* meint, dass Unterricht niemals bloß eine Wissensvermittlung vom Lehrer an die Lernenden ist, sondern die Schüler ebenfalls Verantwortung für den Unterricht haben und diesen mit steuern. Die Vertreter der lerntheoretischen Didaktik beziehen sich dabei ausdrücklich auf die so genannte *themenzentrierte Interaktion* nach Cohn (z.B. 1986).
- Das *Prinzip der Variabilität* meint, dass jede Planung zu einem gewissen Grad veränderbar ist und Variationen bzw. Korrekturen zulässt.
- Das *Prinzip der Kontrollierbarkeit* meint, dass bereits in der Planung Möglichkeiten der Überprüfbarkeit des Lehr-Lern-Prozesses mitgedacht werden. Dabei sind nicht nur klassische Lernerfolgskontrollen gemeint, sondern vielmehr Kontrollen, die dem Lehrer signalisieren, dass die Lernenden dem Unterricht und den damit verbunden Zielen folgen können.
- Das *Prinzip der Interdependenz* meint, dass die einzelnen Entscheidungsfelder und Rahmenbedingungen miteinander in einer engen Wechselbeziehung stehen. Das bedeutet beispielsweise, dass bestimmte Ziele nur anhand bestimmter Inhalte und Methoden verfolgt werden können. So lässt sich soziales Miteinander nur schlecht in einem eng geführten Unterrichtsgespräch ausbilden.

Gegenüber dem Begriff der Unterrichtsplanung versteht Peterßen (2000) unter *Unterrichtsvorbereitung* alle die konkreten Maßnahmen, welche die bloß im Kopf bzw. auf Papier vorgenommenen Planungsentscheidungen umsetzen und den Unterrichtsverlauf ermöglichen. Darunter fallen beispielsweise das Kopieren eines Arbeitsblattes, die Zeichnung einer Folie, das Reservieren des Medienraumes, etc. Zur Veranschaulichung zunächst ein Beispiel:

> *Praktikant E., der gerade sein Fachpraktikum im Fach Biologie absolviert, sitzt am späten Nachmittag an seinem Schreibtisch. Er hat mit seinem Ausbildungslehrer Herrn G. vereinbart, dass er in der übernächsten Woche die erste Stunde in der Klasse 8 zum Thema Herzphysiologie selbstständig halten soll. Herr G. hat dem Praktikanten den Auftrag erteilt, sich dazu Gedanken zu machen und ihm Ende der Woche eine grobe Planung vorzulegen. Praktikant E. vertieft sich zunächst in seine Aufzeichnungen der Universität und eine Reihe von Fachliteratur...*

4.2 Planungsschritte

Viele Didaktiker würden hier kritisch anmerken, dass Praktikant E. in dieser Phase der Unterrichtsplanung ausschließlich die Sache bzw. den Inhalt/das Objekt und nicht mehr die Schüler bzw. das Subjekt im Blick hat. Es wird demnach eine so genannte *vorpädagogische Sachanalyse* (Roth, 1960) durchgeführt, die heute als veraltet gilt. Gleichwohl werden sich vor allem Anfänger, aber auch gestandene Lehrer, immer wieder in für sie neue Sachverhalte einarbeiten bzw. diese reorganisieren müssen. Dies erscheint insofern auch eine ganz zentrale Planungstätigkeit, da davon auszugehen ist, dass nur ein fundiertes Fachwissen der Lehrperson einen guten Unterricht ermöglicht. Das Vorgehen von Praktikant E. erscheint auch deshalb korrekt und unproblematisch, da bei der Beschäftigung mit der Sache im Rahmen der Unterrichtsplanung eine völlige Ausblendung der Schüler unmöglich erscheint. So finden sich in neueren Planungsentwürfen der Lehrerausbildung, zumeist allerdings unter Begriffen wie *didaktischer Kommentar* oder *didaktische Anmerkungen*, nach wie vor eine Art ‚Sachanalyse'. Eine besondere Form der Analyse des Unterrichtsinhaltes ist die so genannte *didaktische Analyse* nach Klafki bzw. in seiner Weiterentwicklung das *Perspektivenschema zur Unterrichtsplanung* (vgl. genauer Klafki, 1995).

Am Anfang jeder Planung sollte nach Becker (2007) zunächst ein Blick in den Lehrplan bzw. die Richtlinien des jeweiligen Faches stehen. Anschließend geht es bei der Analyse der Sache vor allem darum, die Struktur eines Inhaltes zu erkennen. Dabei gilt es (ebd., S. 89) „fehlende oder überflüssige Elemente zu entdecken und die Beziehungen zwischen diesen Elementen zu sehen, bis die Gesamtstruktur sichtbar wird". Die im vorangegangenen Unterricht behandelten Inhalte und jene die folgen sollen sind mit in die Planung einzubeziehen.

Anders ausgedrückt muss also eine Vermittlung zwischen der Sachstruktur der Fachinhalte und der Lernstruktur der Schüler erfolgen. Jank & Meyer nennen diese Vermittlung (2005) die so genannte *didaktische Reduktion*. Es geht darum, komplexe Sachverhalte so zu vereinfachen, zu veranschaulichen bzw. zu reduzieren, dass diese für Schüler begreifbar werden. Eine häufig genannte ‚Binsenweisheit' ist die Forderung: *der Lehrer sollte die Schüler dort abholen, wo sie stehen.*

Praktikant E. muss sich z.B. entscheiden, wie genau er die chemischen Austauschprozesse der Herzphysiologie thematisierten will. In einem *didaktischen Kommentar* bzw. *didaktischen Anmerkung* sind aus diesem Grund ebenfalls Informationen zur Lerngruppe darzustellen. In sehr umfangreichen theoretischen Planungsentwürfen wird dies im Kapitel der Bedingungsanalyse dargestellt (vgl. genauer Meyer, 1993, S.247 ff.). Heute wird eine sehr umfangreiche Bedingungsanalyse von angehenden Lehrkräften nur noch sehr selten gefordert. Anders bei unserem Beispiel ...

Praktikant E. muss bei der Dokumentation seiner Unterrichtsstunden für seinen Praktikumsbericht jeweils einen didaktischen Kommentar schreiben. Es wurde empfohlen, diesen frühzeitig niederzuschreiben, da dieser für weitere Planungsentscheidungen sehr hilfreich sein soll. E. verfasst Folgendes:

Didaktischer Kommentar zum Unterrichtsversuch in der Klasse 8c:

Die Klasse 8c besteht aus insgesamt 29 Schülerinnen und Schülern. Davon sind 13 männlich und 16 weiblich. In der Klasse herrscht eine große Heterogenität, bezüglich des Leistungsvermögens. Insbesondere einige Jungen, die aufgrund ihres Migrationshintergrundes noch einige Schwierigkeiten mit der deutschen Sprache haben, haben Schwierigkeiten komplexere Sachverhalte zu erfassen.

Die Motivation für das Fach Biologie, welches in der Klasse 7 nicht unterrichtet wurde, kann vergleichsweise hoch eingeschätzt werden. Vor allem bei Experimenten und Themen aus der Lebenswelt der Schülerinnen und Schüler arbeitet die Klasse sehr engagiert mit. Der gewählte Inhalt erscheint daher gut geeignet die Motivation zu verbessern. Der Bezug zum Ausdauersport knüpft inhaltlich an den Sportunterricht an, da dort vor kurzem eine Unterrichtsreihe zum Thema ‚Verbesserung der Ausdauerleistungsfähigkeit' durchgeführt wurde.

Das Thema ‚Herzphysiologie' wurde für die Schülerinnen und Schüler insoweit vereinfacht, dass zunächst keine genaueren chemischen Prozesse angesprochen werden, um die Klasse nicht zu überfordern.

Bezüglich der Methodenwahl ist zu erwähnen, dass die Klasse noch Probleme hat sich Inhalte in offenen Unterrichtsformen (z.B. Gruppenunterricht) zu erarbeiten. Daher kommen in dieser Stunde eher lehrerorientierte Unterrichtsmethoden (Unterrichtsgespräch, Textarbeit) zum Einsatz. Es ist aber geplant, im weiteren Verlauf der Unterrichtsreihe offenere Methoden sukzessive einzuführen.

Bei der Durchsicht didaktischer Lehrbücher finden sich nur selten Hinweise zur Erstellung eines solchen didaktischen Kommentars. Häufiger finden sich im Sinne einer klassischen Bedingungsanalyse Hilfestellungen zu zentralen Lernvoraussetzungen der Schüler, den institutionellen Rahmenbedingungen oder der Situation der Klasse. In der folgenden Tabelle finden sich dazu mögliche Fragen, die in einen didaktischen Kommentar gehören könnten. Wichtig ist, dass nicht alle Bereiche für jede Stunde gleich wichtig sind. Dies hängt entscheidend davon ab, was in der Unterrichtsstunde passieren soll. Will der Praktikant etwa eine für die Schüler neue kooperative Unterrichtsmethode einführen, so wird erwartet, dass im didaktischen Kommentar dargelegt wird, welche methodischen oder sozialen Voraussetzungen die Schüler mitbringen bzw. welche Defizite vorliegen.

Tab. 4.1. *Mögliche Leitfragen zur Einschätzung von Lernvoraussetzungen und Rahmenbedingungen (in Anlehnung an Becker, 2001, S. 20 ff.; Böhmann & Schäfer-Munro, 2008, S70 ff.).*

Lernvoraussetzung:
- *arbeitstechnische*: Über welche Lern- und Arbeitstechniken verfügen die Schülerinnen und Schüler?
- *sachstrukturelle*: Auf welchem Wissen der Schüler kann ich meinen Unterricht aufbauen? Was können zentrale Fragen und Problemstellungen der Schüler sein?
- *soziale*: Welche soziale Einstellung haben die Schüler zueinander? Welche Auswirkungen hat die Art der Interaktion auf das Klassenklima?
- *motivationale und emotionale*: Welche Haltung und persönliche Einstellung bringen die Schüler in den Unterricht ein? Sind sie bereit sich auf den Unterricht einzulassen?
- *kulturelle und sprachliche*: Welche sprachliche und kulturelle Vielfalt zeichnet sich in meiner Klasse ab? Müssen spezifische Verhaltensweisen und Regeln beachtet werden?
- *individuelle*: Gibt es Schüler, die etwas aus dem eigenen privaten Umfeld mit einbringen können? Ist ein Schüler dauernd über- oder unterfordert?

Rahmenbedingunen:
- Welche Medien stehen im Klassenraum zur Verfügung?
- Wie stehen die Tische (Sitzordnung)?
- Welche Medien können genutzt werden?
- Wie ist der Klassen- oder Kursraum ausgestattet?
- Welche Lehrwerke besitzen die Schüler?

Ein Grund, warum eine eingangs angesprochene ‚*vorpädagogische Sachanalyse'*, welche zunächst nur von den Inhalten ausgeht, kritisiert wird, liegt auch darin begründet, dass viele Didaktiker fordern, die Planung mit anderen Entscheidungsfeldern zu beginnen. Welches Feld bzw. Planungsmoment am Beginn der Planung steht, war lange Zeit heftig umstritten.

Die These vom so genannten *Primat der Inhalte* wurde von der *bildungstheoretischen Didaktik* (vgl. vor allem Klafki, 1963) aufgestellt. Andere Autoren lehnten ein solches Primat ab und verwiesen auf die *Interpendenz* (Wechselbeziehungen) aller Unterrichtsmomente untereinander (vgl. vor allem die lerntheoretische Didaktik nach Heimann, 1962). Später revidierten Vertreter der bildungstheoretischen Didaktik ihre Auffassung und forderten ein *Primat der Ziele* des Unterrichts. Daraus entwickelte sich, mit der lernzielorientierten Didaktik (vgl. z.B. Mager, 1965; Möller, 1973), eine eigene Konzeption. Zwar ist das Konzept schnell wieder verworfen worden, bei der Formulierung von Unterrichtszielen spielen die Techniken des lernzielorientierten Unterrichts in der Lehrerausbildung z.T. aber bis heute eine Rolle. Die Frage, welches Moment am Anfang der Planung steht, ist heute nicht mehr im Mittelpunkt didaktischer Diskussionen. Die alltägliche Planungsarbeit von Lehrern dürfte mal von dem einen mal von dem anderen Entscheidungsfeld stärker geprägt sein. So kann eine Methode (z.B. die Pro- und Contra Debatte), die neu eingeführt werden soll, die Planung ebenso entscheidend anstoßen bzw. lenken, als auch einzelne Ziele des Unterrichts (z.B. die Verbesserung des sozialen Miteinanders). Es liegt allerdings die Vermutung nahe, dass Ziele vor allem dann eine Rolle spielen, wenn Lehrer im Rahmen einer Unterrichtsprobe (durch Ausbilder oder Vorgesetze) gezwungen sind, Unterrichtsziele schriftlich zu formulieren. Die Vorteile der schriftlichen Fixierung der Unterrichtsziele liegen allerdings darin begründet, dass dadurch die Strukturierung des Unterrichts und die Wahl geeigneter Methoden einfacher werden.

Praktikant E. hat sich intensiv mit dem Unterrichtsinhalt beschäftigt, den geltenden Lehrplan studiert und die Bedingungen in der Klasse analysiert. Er möchte seinem Fachlehrer im ersten Planungsgespräch aber bereits die Ziele der Unterrichtsstunde und einen ersten Verlaufsplan vorlegen. Zur Formulierung von Unterrichtszielen hat er in seinem Begleitseminar einige Hinweise erhalten ...

Formulierung der Unterrichtsziele

Die Formulierung der Ziele ist heute immer noch begrifflich geprägt durch die so genannte *Lernzielorientierte Didaktik*. In dieser Konzeption sollten die Lernziele bzw. die Tätigkeiten der Schüler so formuliert werden, dass die Zielerreichung möglichst genau beobachtet bzw. gemessen werden kann (= Operationalisierung), z.B. der Schüler kann von zehn Lateinvokabeln mindestens acht Vokabeln richtig übersetzen.

Ein solches enges Vorgehen bei der Lernzielformulierung ist mittlerweile weitestgehend überholt, da dadurch, etwa bei überfachlichen komplexeren Zielen, eine Operationalisierung unmöglich ist und eine zu große Einengung des Unterrichtsprozesses im Sinne eines *programmierten Unterrichts* die Folge wäre. Gleichwohl ist es natürlich möglich und ggf. auch sinnvoll operationalisierte Lernziele zu verfolgen. Die bildungspolitischen Tendenzen in Richtung einer Standardisierung mit zentralen Abschlussprüfungen nach vorgegebenen Punktrastern gehen durchaus in diese Richtung.

Lernzieloperationalisierung bedeutet weiterhin, dass Ziele nach Abstraktionsniveau unterschieden werden. Diese Niveaustufen gehen auf Möller (1973) zurück. Es werden dabei drei verschiedene Niveaus unterschieden:

- *Richtziele*, die sehr abstrakt sind.
- *Grobziele*, die bereits eine Reihe von Alternativen ausschließen.
- *Feinziele*, die den höchsten Präzisierungsgrad besitzen.

Heute wird diese Unterscheidung in der Lehrerausbildung in der Regel nicht mehr eingesetzt. Gehalten hat sich die Unterscheidung von Haupt- und Teillernzielen, wobei das Hauptlernziel die Teillernziele auf einem abstrakteren Niveau subsumiert.

Für den planenden Lehrer, vor allem wenn es darum geht für Unterrichtsbesuche Lernziele zu formulieren, sind heute die *Ziel-Dimensionierung* bzw. *Ziel-Hierarchisierung* bedeutsamer. Obschon auch diese Techniken der lernzielorientierten Didaktik schon lange kritisiert werden, da zu starre operationalisierte Lernziele u.a. einen zerstückelten, wenig kreativen und sehr lehrerzentrierten Unterricht hervorbringen (vgl. z.B. Meyer,1993, S. 134ff; Peterßen, 2000, S. 125 ff.), spielen diese Techniken in der Lehrerausbildung immer noch eine wichtige Rolle.

Dimensionierung bedeutet, dass Lernziele nach formalen Kriterien bestimmten Bereiche (Dimensionen) zugeordnet werden. Das gebräuchlichste Raster stammt von Lerntheoretikern aus den USA (vgl. z.B. Bloom, 1956; Krathwohl, Bloom & Masia, 1975). Danach gibt es drei Dimensionen[9]:

- Die *kognitive Dimension*, die sich auf das Denken, Wissen und Kenntnisse bezieht.
- Die *affektive* oder *emotionale Dimension*, die sich auf die Gefühlsebene, also auf Einstellungen und dauerhafte Werthaltungen bezieht.
- Die *psychomotorische Dimension*, die sich auf motorische Fähigkeiten bezieht.

Neben der Dimensionierung spielen bei der Formulierung der Unterrichtsziele die Verben, die so genannten Operatoren, eine zentrale Rolle. Diese Operatoren zeigen dem Leser an, was die Schüler tun bzw. können sollen. Im Sinne der *Lernzielorientierten Didaktik* sollten die Operatoren möglichst genau das Schü-

---

[9] Vielfach werden diese Dimensionen heute in der Lehrerausbildung ergänzt. Beispielsweise durch die *soziale* oder *methodische* Dimension. Eine solche Erweiterung ist legitim, entspricht aber nicht dem Konzept des lernzielorientierten Unterrichts. Meyer verweist (1993) darüber hinaus darauf, dass häufig Ziele vermeintlich anderer Bereiche (z.B. methodisch oder instrumentell) ebenfalls kognitive Lernziele sind.

lerverhalten beschreiben bzw. das Mittel angeben mit deren Hilfe die Schüler das Ziel erreichen sollen und einen Beurteilungsmaßstab für die Qualität des Verhaltens aufstellen (vgl. genauer Mager, 1965). Je nach verwendetem Verb lässt sich das Ziel nach bestimmten Stufen in einer Taxonomie hierachisieren. Die bekannteste Taxonomie für Lernziele des kognitiven Bereiches stammt von Bloom (1956) und besteht aus insgesamt sechs Stufen (vgl. Tab. 4.2.).

Tab. 4.2. *Taxonomiestufen für kognitive Lernziele mit Verboperatoren nach Bloom.*

Stufe	Typische Verben	Grad der Komplexität
Wissen	nennen, aufsagen, schreiben, zählen, angeben, bezeichnen	
Verstehen	erklären, erläutern, definieren, begründen, ableiten, übertragen	
Anwendung	ermitteln, berechnen, erarbeiten, herausfinden	
Analyse	einordnen, analysieren, vergleichen, einordnen, unterscheiden, entnehmen, gegenüberstellen	
Synthese	entwerfen, entwickeln, konzipieren, zuordnen, koordinieren, erstellen	
Bewertung	beurteilen, bestimmen, überprüfen, zuordnen, koordinieren, erstellen	

Diese Taxonomiestufe ist deshalb so bekannt, weil sie zum einen sehr genau die möglichen Ziele beschreibt und zum anderen der überwiegende Teil der für die Schule formulierten Lernziele kognitiver Natur sind. Eine Übersicht über die anderen Bereiche findet sich bei Becker (2007, S. 72ff.). Allerdings existiert für keine andere Taxonomie ein so exaktes Regelwerk, wie für den kognitiven Bereich.

Praktikant E. hat mithilfe der hier dargestellten Informationen folgende Unterrichtsziele aufgelistet:

Hauptlernziel:
Die Schüler sollen die Grundlagen der Herzphysiologie erklären und den Wert ihres eigenen Ruhepulses bewerten können.

Teillernziele:
Die Schüler sollen
- sollen für das Thema ‚Herzphysiologie sensibilisiert werden, indem sie ein Werbebild für Ausdauersport beschreiben und zentrale Fragen zu dem Thema formulieren (affektiv).
- sollen die Grundlagen der Anatomie des Herzens kennen, indem sie mithilfe eines Arbeitstextes eine schematische Zeichnung beschriften (kognitiv).
- sollen die Funktionsweise der Herzklappe verstehen und erklären können, indem sie ein vom Lehrer gezeigtes Modell beschreiben und erklären können (kognitiv).
----------------[10]

- den eigenen Ruhepuls messen und bewerten, indem sie diesen an der Halsschlagader auszählen und den Wert mit Werten einer Tabelle vergleichen (psychomotorisch & kognitiv).

Im Sinne der Lerntheoretischen Didaktik wären Verben wie kennen oder verstehen (siehe Ziel 2) abzulehnen, da sie nicht eindeutig genug sind. Das zweite Ziel würde demnach von Anhängern der lernzielorientierten Didaktik folgendermaßen umformuliert:

---

[10] Die Linie offenbart eine Trennung zwischen den Zielen, die in jedem Fall in dieser Stunde erreicht werden sollen und einem Ziel, welches angestrebt wird, wenn noch Unterrichtszeit verbleibt. Ein solches Vorgehen ist durchaus legitim und ratsam, da der Planer dadurch eine gewisse Flexibilität der Unterrichtsdurchführung nachweist.

Die Schüler sollen die Grundlagen der Anatomie aufsagen kön-
nen, indem sie zwanzig fehlende Begriffe einer schematischen
Zeichnung benennen. Die Leistung ist als gut zu bewerten,
wenn dabei nicht mehr als drei Fehler gemacht werden.

Eine solche eingrenzende Zielformulierung offenbart anschau-
lich die Grenzen der lernzielorientierten Didaktik, die zu Recht
heute als veraltet angesehen wird. Sinnvoll ist die Kenntnis der
Instrumente einer Lernzielorientierten Didaktik allerdings im
Hinblick auf die Zielauswahl. Ein Unterricht, der ganz ohne affektive Lernziele auskommt ist ebenso wenig vorstellbar, wie
ein Unterricht, der sich, vor allem in höheren Klassen, nur auf
den untersten Taxonomiestufen bewegt. Zu warnen ist in diesem Zusammenhang aber vor einer formalistisch-künstlichen
Verwendung der Techniken, um z.B. möglichst alle Dimensionen in einer Stunde zu erfassen. So wäre ein motorisches
Lernziel im Zusammenhang mit einer Textarbeit (z.B. die Schüler sollen durch die Verwendung eines Lineals ihre Feinmotorik
verbessern) mehr als aufgesetzt.
Bei der Lektüre der formulierten Ziele fällt auf, dass darin schon
zahlreiche Entscheidungen über Methoden und Medien gefallen
sind. In der geplanten Stunde sollen die Lernenden offensichtlich zunächst ein Werbebild beschreiben (Ziel 1). Anschließend
lesen die Schüler einen Text und beschriften eine Zeichnung
(Ziel 2). Es ist anzunehmen, dass sich daran eine Phase des
Ergebnisvergleichs anschließt. Im nächsten Schritt zeigt der
Lehrer ein Modell, welches die Schüler beschreiben und erklären sollen (Ziel 3). Zum Abschluss wird die Klasse aufgefordert,
ihren eigenen Puls zu fühlen und das Ergebnis mit anderen zu
vergleichen (Ziel 4). Deutlich wird hier das vorliegende Prinzip
der Wechselbeziehung (*Interdependenz*) zwischen einzelnen
Unterrichtsmomenten; mit der Formulierung: „Die Schüler sollen
(...), indem (...)", stellt Praktikant E. bereits dar, was zur Zielerreichung im Unterricht passieren soll. Dadurch ist leichter zu
gewährleisten, dass die Ziele auch tatsächlich im Unterricht auftauchen und umgekehrt. Eine solche Formulierungshilfe ist aber
keine Operationalisierung im engeren Sinne.

Es wird hier ebenfalls deutlich, dass Unterrichtsplanung keinen linearen Prozess darstellt, sondern vielmehr einen zirkulären. So kann mal die gelungene Abbildung, der inhaltliche Zwang, Wissenslücken der Schüler oder auch ein bestimmtes Unterrichtsziel im Mittelpunkt der Planung stehen. Wichtig ist, dass der planende Lehrer sich seiner Planungsgedanken bewusst ist und möglichst alle Planungsmomente berücksichtigt. Am Ende der Planung steht zumeist der eigentliche Verlaufsplan, der die Struktur der Unterrichtsstunde mit den einzelnen Phasen darstellt.

Phasierung des Unterrichts

In der didaktischen Literatur existiert eine Vielzahl unterschiedlicher Möglichkeiten, nach welchem Schema der Unterricht in Phasen (man spricht auch von der so genannten *,Artikulation des Unterrichts'*) eingeteilt wird. Vereinfacht lässt sich Unterricht zumeist in einen Dreischritt einteilen (vgl. Abb. 4.3.).

Abb. 4.3. Dreischritt des Unterrichts.

Jeder Unterrichtsphase kommen bestimmte Funktionen zu. Beispielsweise soll im Einstieg bei den Lernenden Motivation für den Unterrichtsgegenstand erzeugt oder ein Problembewusstsein geschaffen werden (vgl. genauer Greving & Paradies, 1996). Viele Strukturierungshilfen sind weitaus komplexer und weisen noch weitere Unterschritte des Unterrichts aus. Das bekannteste Artikulationsschema stammt von Roth, der Unterricht nach dem Schema (Motivation – Schwierigkeiten – Lösung – Tun – Behalten – Übertragung) phasiert (vgl. genauer Becker, 2007, S. 137).

Anders als Praktikanten müssen Lehrer komplette Unterrichts-reihen bzw. ganz Schulhalbjahre planen. Eine mögliche Unter-scheidung dazu bietet das Modell der Lehr-Lerntheoretischen Didaktik (Schulz, 1981), welches drei bzw. vier große Pla-nungsebenen unterscheidet:

- Die *Perspektivplanung* bezieht sich auf lange Zeiträume, z.T. auf mehrere Schuljahre. Die Ziele, die darin verfolgt werden, sind dementsprechend weitreichend und abstrakt (z.B. Förderung von Solidarität oder Ausbildung einer Me-dienkompetenz).
- Die *Umrissplanung* bezieht sich auf thematisch abge-grenzte und zeitlich überschaubare Einheiten (z.B. eine Unterrichtsreihe zum Thema ‚Herz'). Heute spricht man häufig eher von Unterrichtsreihen oder Unterrichtsvorha-ben. Auf dieser Ebene wird der Unterricht quasi vorstruktu-riert (z.B. es soll viel in Kooperation mithilfe von Experi-menten erarbeitet werden). Bei der Umrissplanung werden allerdings keine konkreten Planungsentscheidungen für einzelne Unterrichtsstunden getroffen.
- Die *Prozessplanung* bezieht sich dann auf den konkreten Unterricht, also auf einzelne Unterrichtsstunden bzw. Un-terrichtseinheiten (z.B. werden Materialien ausgewählt bzw. Sozialformen und Methoden festgelegt).

Ergänzt werden diese drei Ebenen der Unterrichtsplanung durch die vierte Ebene, der *Planungskorrektur*. Diese bezieht sich auf die Durchführung des Unterrichts und enthält eventuel-le Korrekturen, die sich bei der Umsetzung ergeben haben (z.B. die Ergänzung eines Lehrervortrages, da Aspekte eines Textes von den Schülern nicht vollständig erfasst worden sind). In der Planungspraxis (vgl. Kap. 4.4) kommen diese Ebenen unter-schiedlich zum tragen. So wird im Alltag am ehesten die Pro-zessplanung schriftlich fixiert. Diese mündet schließlich in einen Plan zum Stundenverlauf. In Planungsentwürfen im Rahmen von Prüfungen ist ebenfalls die Umrissplanung bedeutsam. Zumeist wird dann die geplante Stunde in die gesamte Unter-richtsreihe eingeordnet.

Der Verlaufsplan

Die Bedeutung des Verlaufsplans kann insofern gar nicht hoch genug angesehen werden, da er nach Meyer (1993) bei routinierten Lehrern eine Art Kristallisationspunkt der alltäglichen Unterrichtsplanung darstellt. Meyer (ebd.) sieht eine Unterrichtsplanung, die ausgehend von den Lernvoraussetzungen und den Rahmenbedingungen, Ziele und Inhalte festlegt und die Methoden- und Verlaufsplanung vornimmt eher die Ausnahme darstellen wird.

Zur Darstellung des Verlaufsplanes existieren zahlreiche verschiedene Rasterarten. Einige sind in der folgenden Tabelle dargestellt:

Tab. 4.3. *Rasterarten von Unterrichtsverlaufsplänen.*

Zeit	Phase	Geplantes Lehrerverhalten		Erwartetes Schülerverhalten		Sozialform	Medien
Zeit	Unterrichtsschritt		Ziel	Sach- und Verhaltensaspekt		Sozialform	Medien
Zeit	Handlungsschritte		Methoden	Arbeitsformen			Medien
Zeit	Handlungsschritte	Methode		Interaktionen	Medien	Begründung	
Zeit	Phase	Unterrichtsschritt		Sozialformen und Lehr/Lernformen		Medien	
Unterrichtsschritt		Ziel		Sach- und Verhaltensaspekt		Sozialform	Medien
Erwartetes Schülerverhalten		Geplantes Lehrerverhalten				Didaktischer Kommentar	

Viel diskutiert wird darüber, ob man die Zeit, die man für eine Unterrichtsphase benötigt, mit in den Verlaufsplan aufnehmen sollte. Dafür spricht, dass bereits im Planungsprozess zumindest grob festgelegt werden soll, wie viel Zeit einzelne Unterrichtsphasen in Anspruch nehmen. Dadurch kann z.B. verhindert werden, dass einzelne Phasen (z.B. der Einstieg) einen zu großen Teil der Stunde einnehmen. Gegen die Ausweisung, spricht die Gefahr einer möglichen Einengung der Lehrkraft, die notwendige Flexibilitäten in der Durchführung verhindern.

Welches Raster für den eigenen Verlaufsplan ausgewählt wird, hängt zum einen von etwaigen Vorgaben der Ausbilder bzw. Prüfer ab. Zum anderen natürlich von der eigenen Art zu planen. Meyer bewertet (1993, S. 63) allerdings zu komplexe Raster als wenig praktikabel, da sie dem eigentlichen Ziel einer schnellen Orientierung entgegenstehen. Andere Autoren (z.B. Miller, 2001, S. 246) sind der Auffassung, dass Anfänger im Lehrerberuf eher ausführliche Raster verwenden sollten, da dadurch wichtige Teile eine Stunde deutlicher werden. Praktikant E. folgt den Autoren Jank & Meyer (2007, S. 347) und erstellt den in Tabelle 4.4. dargestellten Stundenverlaufsplan:

Tab. 4.4. *Möglicher Unterrichtsverlaufsplan.*

Phase	Unterrichtsschritte	Sozialform/ Methode	Medien
Einstieg: Motivation, Problembenennung	Die Schüler beschreiben ein Werbebild und leiten die Fragestellungen zur Stunde (Wie ist das Herz aufgebaut? Welche Bestandteile enthält es?) und ggf. weitergehende Fragestellungen für die Unterrichtsreihe ab. L. hält die Frage an der Tafel fest.	KU/Unterrichtsgespräch	Tageslichtschreiber Tafel
Erarbeitung:	Die Schüler erarbeiten die zentralen Bestandteile des menschlichen Herzens (Taschen- und Segelklappen, Vorhöfe, Kammern, etc.) und beschriften eine Skizze.	PA	Arbeitsblatt 1 (Skizze und Text)
Präsentation von Teilergebnissen	Ein Schüler stellt die Ergebnisse der Klasse vor.	KU/Schülerbeitrag	Folie 1 (Herz mit Beschriftung)
	Lehrer erläutert anhand eines Modells den Weg des Blutes durch das Herz und die Funktionsweisen der Herzklappen (Systolische u. diastolische Phase).	L-Vortrag	Modell des Herzens
	Schüler übertragen die Informationen graphisch in ihr Arbeitsblatt.	PA	Arbeitsblatt 1
Sicherung	Ein Schüler stellt seine Ergebnisse in der Klasse vor. Die Ergebnisse werden besprochen und ggf. ergänzt bzw. verbessert.	KU/Schülerbeitrag, Unterrichtsgespräch	Arbeitsblatt 1 Folie
	Die Schüler korrigieren ggf. das Schaubild in ihrem Arbeitsblatt.	EA	
-------	----Sollbruchstelle-----	------	------
Konfrontation mit Unbekanntem	Lehrer erläutert die Vorgehensweise der Pulsmessung. Die Schüler ermitteln den eigenen Ruhepuls und vergleichen die Werte mit Durchschnittswerten ihrer Altersklasse	KU/ Lehrervortrag, Unterrichtsgespräch	Folie 2 (Pulswerte)
Hausaufgabe	Die Schüler sollen den anatomischen Aufbau des Herzens lernen und mit Fachbegriffen benennen können.	EA	-
Sozialformen: KU = Klassenunterricht, PA = Partnerarbeit, EA = Einzelarbeit			

71

Die hier vorgestellte Stunde hat mit dem Dreischritt Einstieg, Erarbeitung und Sicherung einen klassischen Aufbau. Ein solcher Aufbau ist natürlich nicht zwingend und kann je nach Stundenziel variiert werden.

Von zentraler Bedeutung ist die Beachtung der bereits angesprochenen Interdependenzen. So müssen z.B. alle aufgelisteten Ziele der Unterrichtsstunde im Verlauf erkennbar sein.

In dem hier skizzierten Verlaufsplan ist eine so genannte Sollbruchstelle eingeplant. Damit signalisiert der Planer, dass die Unterrichtsstunde an der Sollbruchstelle einen logischen Schluss haben könnte. Sollte noch Zeit verbleiben, so kann der angegebene Schritt noch durchgeführt werden. Somit zeigt sich schon in der Planung eine gewisse Flexibilität.

4.3 Alltägliche Unterrichtsplanung

Es ist ein offenes Geheimnis, dass sich die Unterrichtsplanung in der Lehrerausbildung sehr von der Planung im Berufsalltag unterscheidet. Gleichwohl wird es eventuell Situationen geben, bei denen ein kompletter Unterrichtsentwurf (vgl. Kapitel 4.2) verfasst werden muss (etwa bei Beförderungsverfahren).

Inwieweit erfahrene Lehrkräfte im Alltag überhaupt noch schriftlich planen, darüber gibt es keine gesicherten empirischen Ergebnisse. Anzunehmen ist, dass allenfalls kurze Spickzettel zur Anwendung kommen. Unmöglich ist es natürlich, für jede einzelne Unterrichtsstunde einen umfangreichen Unterrichtsentwurf abzufassen.

Hansen & Hufert (2008) empfehlen dementsprechend, sich nach Berufseinstieg von den Planungsstandards des Referendariats zu verabschieden, da es nicht zwangsläufig zu einer Qualitätsminderung des Unterrichts führt, wenn der Planungsaufwand minimiert wird (vgl. Heymann, 2007; Meyer, 1998; Neuweg, 2007). Hilfreich sind eventuell einfache Planungsraster (vgl. Tab. 4.5.).

Tab. 4.5. *Planungsraster für alltäglichen Unterricht in Anlehnung an Mittelstädt, 2006, S. 185.*

Klasse:	7a	Fach:	Mathema-tik	Organisatorisches
Datum: XY				• Klassenbuch nachtragen,
Thema: Multiplikation rationaler Zahlen				• Geld für Taschen-rechner einsammeln
Ziel: Schüler sollen Regeln für das Multiplizieren rationaler Zahlen formulieren				•
Phasen:	**Inhalt**			**Materialien/Medien**
Einstieg	Dialog zweier Schüler			Folie
Erarbeitung	Partnerarbeit: Regel formulie-ren und Übungsaufgaben ausdenken			Arbeitsblatt
Sicherung	Beispiele an der Tafel rech-nen			-

Tafelbild

Wie werden rationale Zahlen miteinander multipliziert?

Das Produkt einer positiven und einer negativen rationalen Zahl ist negativ.	Das Produkt einer negativen und einer negativen rationalen Zahl ist positiv.
Beispiel:	Beispiel:
(-1) * 4 = -4 3 * (-3) = -9	(-2) * (-2) = -4 3 * (-3) = -9

Hausaufgaben	Buch S. 34, Nr. 1-3
Auswertung	

Die letzte Spalte lässt Raum für Auswertungsgedanken im Anschluss an die Stunde. So können Auffälligkeiten verdeutlicht und zukünftige Planungen verbessert werden (vgl. Kap. 8).

Literaturverzeichnis

Adl-Amini, B. & Künzli, R. (1991). *Didaktische Modelle und Unterrichtsplanung* (3. Aufl.). Weinheim: Juventa.

Becker, G.E. (2007). *Unterricht planen* (8. Aufl.). Weinheim: Beltz.

Blankertz, H. (2000). *Theorien und Modelle der Didaktik* (14. Aufl.). Weinheim: Juventa.

Bloom, B.S. (Hrsg.) (1956). *Taxonomie von Lernzielen im kognitiven Bereich*. Weinheim: Beltz.

Böhmann, M. & Schäfer-Munro, R. (2008). *Kursbuch Schulpraktikum. Unterrichtspraxis und didaktisches Grundwissen* (2. Aufl.). Weinheim: Beltz.

Bromme, R. & Saager, C. (1979). *Unterrichtsplanung als Handlungsaufgabe. Eine psychologische Einführung in die Unterrichtsvorbereitung*. Frankfurt am Main: Cornelsen.

Cohn, R. (1986). *Von der Psychoanalyse zur themenzentrierten Interaktion. Von der Behandlung einzelner zu einer Pädagogik für alle* (7. Aufl.). Stuttgart: Klett.

Greving, J. & Paradies, L. (1996). *Unterrichts-Einstiege. Ein Studien- und Praxisbuch*. Weinheim: Beltz.

Gudjons, H. & Winkel, R. (Hrsg.) (2006). *Didaktische Theorien* (12. Aufl.) Hamburg: Bergmann und Helbig.

Hansen, O. & Hufert, M. (2008). Unterrichtsvorbereitung: alltagstauglich! Von der Berufsausbildung zur Berufsausübung. *Pädagogik*, (5) 60, 40-45.

Heimann, W. (1962). Didaktik als Theorie und Lehre. *Die deutsche Schule*, 2, 407-427.

Heimann, P., Otto, G. & Schulz, W. (1965). *Unterricht – Analyse und Planung*. Hannover.

Heymann, H.W. (2007). Unterricht vorbereiten und planen. *Pädagogik*, (10) 59, 6-9.

Jank, W. & Meyer, H. (2005). *Didaktische Modelle* (7. Aufl.). Berlin: Cornelsen.

Klafki, W. (1963). *Studien zur Bildungstheorie und Didaktik*. Weinheim: Beltz.

Klafki, W. (1995). *Neue Studien zur Bildungstheorie und Didaktik* (5. Aufl.). Weinheim: Beltz.

Krathwohl, D.R.; Bloom, B.S. & Masia, B.B. (1975). *Taxonomie von Lernzielen im affektiven Bereich*. Weinheim: Beltz.

Kron, F.W. (2006). *Grundwissen Didaktik* (5., aktualisierte Aufl.). München: UTB.

Kroner, B. & Schauer, H. (1997). *Unterricht erfolgreich planen und durchführen: Der Ratgeber aus der Praxis für die Praxis*. Aulis.

Mager, R.F. (1965). *Lernziele und programmierter Unterricht*. Weinheim: Beltz.

Meyer, H. (1993). *Leitfaden zur Unterrichtsvorbereitung* (12. Aufl.). Frankfurt am Main: Cornelsen.

Miller, R. (2001). *Lehrer lernen. Ein pädagogisches Arbeitsbuch* (2. Aufl.). Weinheim: Beltz.

Mittelstädt, H. (2006). *Basics für Junglehrer. Der optimale Einstieg in den Arbeitsplatz Schule*. Mühlheim: Verlag an der Ruhr.

Möller, C. (1973). *Technik der Lernplanung. Methoden und Probleme der Lernzielerstellung* (4. völlig neu gestaltete Aufl.). Weinheim: Beltz.

Neuweg, G.H. (2007). Lob der Spontanität. Oder: Wie viel Planung braucht der Mensch? *Pädagogik*, (10) 59, 34-9.

Peterßen, W.H. (2000). *Handbuch Unterrichtsplanung. Grundfragen, Modelle, Stufen, Dimensionen* (9., aktualisierte Aufl.). München: Ehrenwirth.

Peterßen, W.H. (2003). *Lehreraufgabe Unterrichtsplanung*. Oldenbourg: München.

Roth, H. (1960). *Pädagogische Psychologie des Lehrens und Lernens*. Hannover: Schroedel.

Sandfuchs, U. (2006). Grundfragen der Unterrichtsplanung. In K.H. Arnold, U. Sandfuchs & J. Wiechmann (Hrsg.), *Handbuch Unterricht* (S. 685-694). Bad Heilbrunn: Klinkhardt.

Schmoll, L. (2008). Allgemeindidaktische Modelle in der Lehrerausbildung. *Pädagogik* (10) 62, 36-39.

Schulz, W. (1981): *Unterrichtsplanung* (3. Aufl.). München: Urban & Schwarzenberg.

Schorch, G. (2001). Unterrichtsplanung und Unterrichtsvorbereitung. In Roth, L. (Hrsg.), Pädagogik: *Handbuch für Studium und Praxis* (S.789-800) München: Oldenbourg.

Terhart, E. (2009). *Didaktik. Eine Einführung*. Ditzingen: Reclam.

Topsch, T. (2004). *Grundwissen für Schulpraktikum und Unterricht* (2., überarbeitete Aufl.). Weinheim: Beltz.

Winkel, Rainer. (2006): Die kritisch-kommunikative Didaktik. In H. Gudjons & R. Winkel (Hrsg.), *Didaktische Theorien* (12. Aufl.) (S. 93-112). Hamburg: Bergmann und Helbig.

Witzenbacher, K. (1994). *Praxis der Unterrichtsplanung. Unterrichtsvorbereitung und Unterrichtsgestaltung*. München: Oldenbourg.

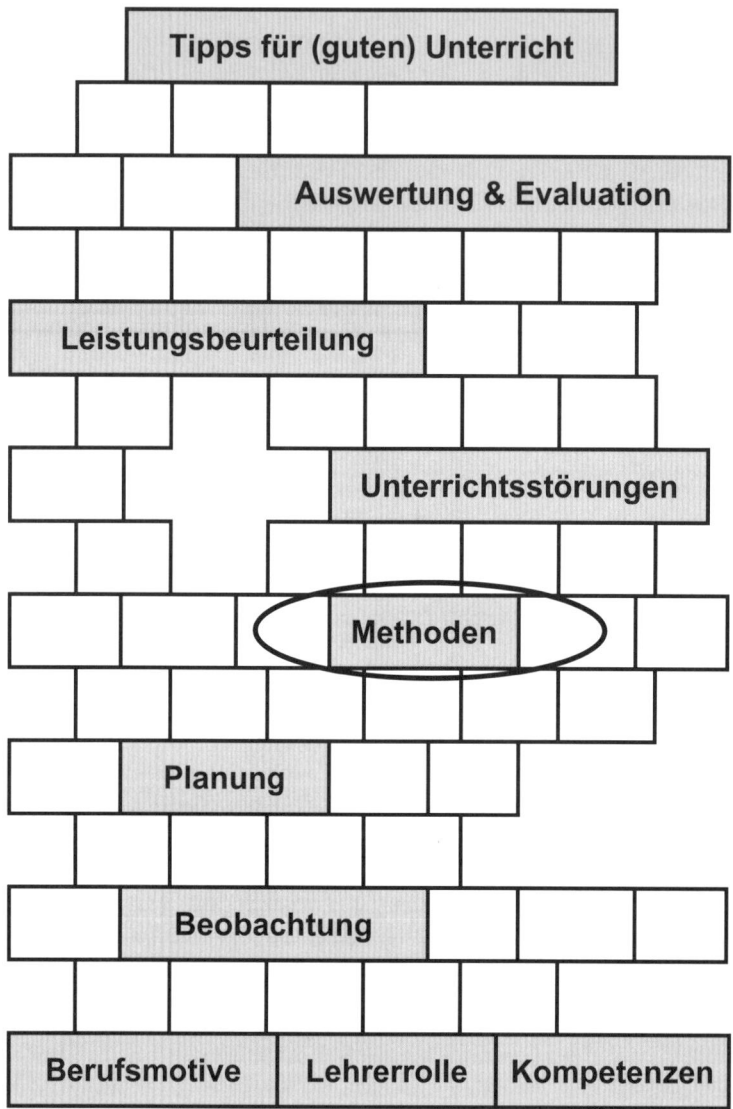

5. Unterrichtsmethoden kennen & einsetzen

Der Begriff der Unterrichtsmethoden kann als eine Art didaktischer Megabegriff bezeichnet werden, der im Hinblick auf seine Komplexität und Vielschichtigkeit nur schwer zu fassen ist. Unzählige Publikationen beschäftigen sich mit den Methoden des Unterrichts und bieten eine unüberschaubare Anzahl möglicher Formen von Unterrichtsmethoden. In diesem Kapitel wird zunächst der Begriff der Unterrichtsmethode erläutert (1). Anschließend erfolgt der Versuch einer Systematisierung zentraler Methoden des Unterrichts (2). Diese werden abschließend im Einzelnen dargestellt (3).

5.1 Begriffsdefinitionen

Eine umfassende Definition, welche das gesamte Spektrum des methodischen Handelns von Lehrern und Lernenden beinhaltet, erscheint unmöglich. Der etymologische Begriffskern ist entlehnt aus dem griechischen (mèthodos) und bedeutet soviel wie „der Weg auf ein Ziel hin" (vgl. Kluge, 2002, S. 616). In diese Richtung geht eine häufig zitierte Definition von Klingberg (1982, S. 280):

> Die **Unterrichtsmethode**[11] ist „der prinzipielle Weg, den Lehrer und Schüler beschreiten, um die im Lehrplan fixierten Ziele des Unterrichts zu erreichen, um die im Lehrplan fixierten Inhalte zu vermitteln bzw. anzueignen".

In dieser Definition wird bereits die Beziehung der Methoden zu den anderen Momenten der Unterrichtsplanung (z.B. Ziele, Inhalt) deutlich (vgl. Kap. 4). In eine ähnliche Richtung geht die ebenfalls häufig verwendete Definition von Meyer (1987, S. 45):

---

[11] Neben dem Begriff der *Unterrichtsmethode*, finden sich in der Literatur die Begriffe der *Lehrmethoden*, *Lehrstrategie* oder Leh*rverfahren*. Diese werden im Folgenden synonym verwendet.

> **„Unterrichtsmethoden** sind die Formen und Verfahren, in und mit denen sich Lehrer und Schüler die sie umgebende natürliche und gesellschaftliche Wirklichkeit unter institutionellen Rahmenbedingungen aneignen."

Meyer berücksichtigt in seiner Definition insbesondere die Umgebung, in der das Lernen stattfindet. In einer eher engen Begriffsbestimmung definiert Einsiedler (1981, S. 37):

> **„Lehrmethoden** sind das wiederkehrende Muster von Lehraktivitäten, die der Vermittlung von Lehrzielen und Lehrinhalten dienen, als auch Lernen bewirken sollen und von vielen Lehrern angewendet werden können."

Die Definitionen, die man noch durch eine Vielzahl weiterer Begriffsbestimmungen ergänzen könnte (vgl. z.B. Terhart, 1989, S. 23 ff.) verdeutlicht die Unübersichtlichkeit beim Gebrauch des Begriffs der Unterrichtsmethoden. Zur besseren Eingrenzung unterscheidet Terhart (vgl. 2000, S. 32) zunächst nach Umfang. Dabei bezieht sich eine sehr enge Definition des Begriffs ausschließlich auf die direkte Gestaltung des Lehr-Lern-Prozesses, auf die so genannte „Wie?-Frage" also. Ein sehr weites Verständnis sieht den Begriff eher in einem allgemeinen Sinne als pädagogisch gerichtete und schulisch organisierte Begegnung von Kulturgütern einerseits und Kindern und Jugendlichen andererseits (vgl. ebd.)[12]. Das hier vorliegende

---

[12] Nicht unerwähnt bleiben darf die Tatsache, dass der Begriff der ‚Methode' manchmal mit dem Begriff ‚Didaktik' gleichgesetzt wird. Dahinter verbirgt sich nicht zuletzt die Frage, womit der Lehrer seine Unterrichtsplanung beginnt bzw. welche Entscheidung seine Planung steuert (vgl. Kap. 4). Offensichtlich ist es gar nicht seltene Praxis, dass der Lehrer die geplante Methode in das Zentrum seiner Unterrichtsplanung stellt. Zu Recht wird ein solches Vorgehen als Didaktik der reduzierten Ansprüche kritisiert.

Kapitel beschäftigt sich in erster Linie mit dem eher engen Begriffsverständnis.

Terhart differenziert das Begriffsverständnis noch weiter nach der inhaltlichen Akzentuierung und arbeitet insgesamt vier Dimensionen des Methodenbegriffs heraus (*Zielereichung, Sachbegegnung, Lernhilfe und Rahmung*) (vgl. ebd., S. 33). Eine Unterscheidung in drei Gruppen von Methoden sieht Heymann (1998, S. 7):

Unterrichtsmethoden: mittels derer Lehrer ihren Unterricht inszenieren.

Lernmethoden: mittels derer Schüler und Lehrer ihre eigenen Lernprozesse gestalten (z.B. die Nutzung des Karteikastensystems zum Vokabellernen).

Methoden der Fächer: mittels derer Lehrer und Schüler mit den Gegenständen des betreffenden Faches umgehen (z.B. Mikroskopieren in der Biologie).

Im Folgenden wird, analog zur Kapitelüberschrift, in erster Linie die erste Gruppe im Vordergrund stehen. Einen Überblick zu den Lernmethoden der Schüler, die unter dem Obergriff des *Lernen lernens* in den letzten Jahren in den Fokus der Didaktik gerückt sind, bietet z.B. Klippert (2007).

5.2 Systematisierung von Unterrichtsmethoden

Leider reichen selbst diese begrifflichen Eingrenzungen noch nicht aus, um die Komplexität des unterrichtlichen Handelns zu erfassen und eine differenzierte Analyse der Unterrichtsmethoden vorzunehmen. Zur Veranschaulichung dazu zunächst ein weiteres Beispiel:

> *Deutschlehrer M. betritt die Klasse 9d. Die Klasse steht auf. M. wünscht einen guten Morgen. Alle setzen sich. Der Lehrer fordert Marvin auf, seine Hausaufgabe (die Interpretation eines Gedichtes) vorzutragen. Marvin liest vor. M. bittet die Klasse, dazu Stellung zu beziehen [...]. Eine weitere Hausaufgabe wird vorgelesen und besprochen. [...].*

> *Als nächstes stellt der Lehrer ein mögliches Strukturie-*
> *rungsmuster zur Gedichtinterpretation vor. Die wichtigsten*
> *Schritte schreibt er an die Tafel. Anschließend erhalten*
> *die Schüler ein neues Gedicht. M. fordert Lisa auf, das*
> *Gedicht vorzulesen. Nun sollen die Schüler zunächst al-*
> *leine mithilfe der Strukturierung das Gedicht interpretie-*
> *ren. Es beginnt eine Einzelarbeit von 15 Minuten. An-*
> *schließend teilt der Lehrer die Klasse in 4er Gruppen ein.*
> *In den Gruppen soll zunächst ein Vergleich der Ergebnis-*
> *se der Stillarbeit erfolgen. Anschließend sollen sich die*
> *Gruppen auf eine Lösung einigen und diese präsentieren*
> *[...].*

In diesem Beispiel lassen sich eine Vielzahl verschiedener Unterrichtsmethoden, auf ganz unterschiedlichen Ebenen, erkennen. Meyer hat zur Systematisierung ein Drei-Ebenen-Modell
erstellt, welches in der Abbildung 5.1. vereinfacht dargestellt
ist[13].

---

[13] Weitere Klassifikationsschemata für Unterrichtsmethoden finden sich bei
Schulz (1965), Schulze (1978) und Winkel (1978).

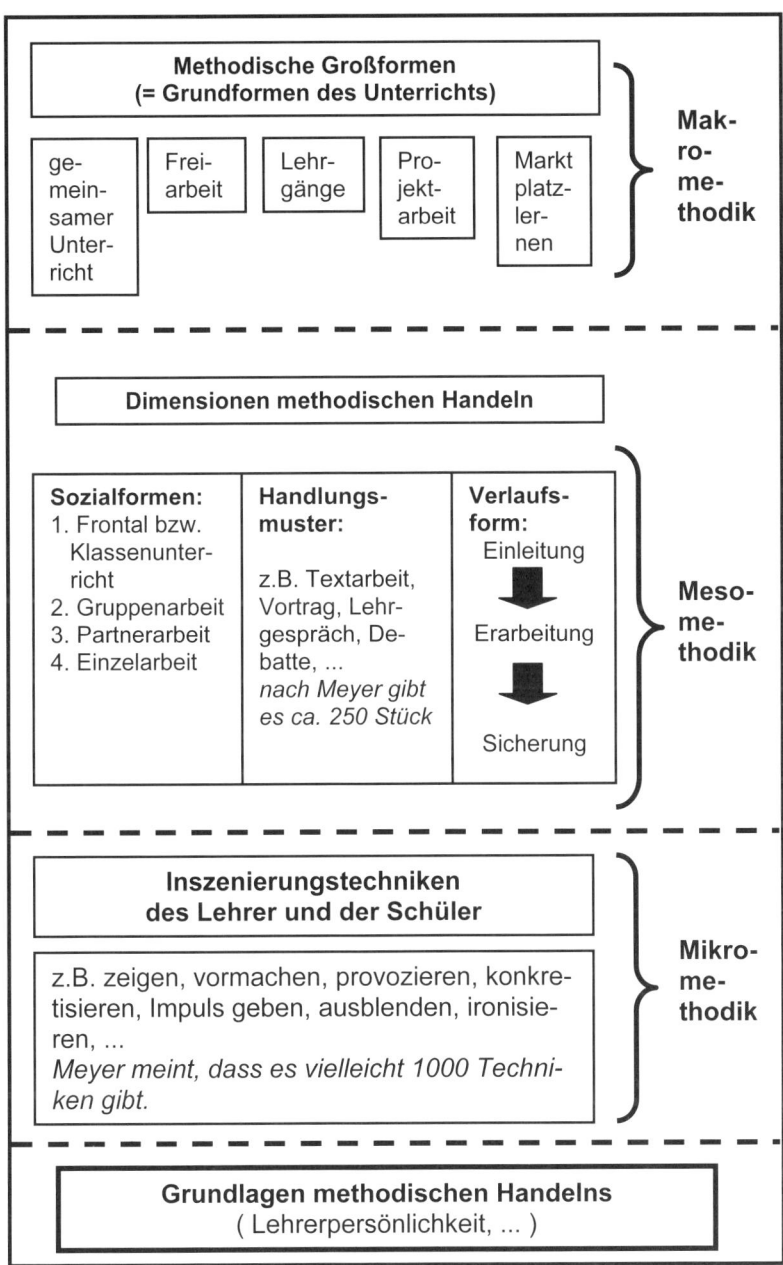

Abb 5.1. Drei-Ebenen-Modell des methodischen Handelns (modifiziert nach Meyer, 2004, S.13).

Auf der Grundlage dieses Modells lässt sich methodisches Handeln analysieren. In dem beschriebenen Beispiel stellt der Deutschlehrer Mustermann beispielsweise eine Strukturierungshilfe vor. Er *zeigt* also der Klasse *etwas* bzw. *stellt etwas vor* (= *Inszenierungstechnik/Mikromethodik*). Diese Handlung ist auf der *Mesoebene* eingebunden in die *Erarbeitungsphase* (*Verlaufsform*) der Unterrichtsstunde und findet als *Kurzvortrag* (*Handlungsmuster*) im Rahmen des *Frontal- bzw. Klassenunterrichts* (*Sozialform*)[14] statt.

Etwas schwerer wird die Einordnung m. E. auf der Ebene der Makromethodik. Der Unterricht ist sowohl als *Lehrgang*, als auch als *gemeinsamer Unterricht* zu verstehen. Um die methodischen Großformen besser von- einander unterscheiden zu können erscheint daher eine weitergehende Systematik sinnvoll (vgl. Abb. 5.2.).

---

[14] Sozialformen sind unbedingt von den übergreifenden Unterrichtsmethoden zu unterscheiden. Die vier Sozialformen regeln lediglich die Beziehungsstruktur des Unterrichts (z.B. Raum- oder Kommunikationsstruktur). Vor- und Nachteile der unterschiedlichen Sozialformen analysiert Nuhn (2000).

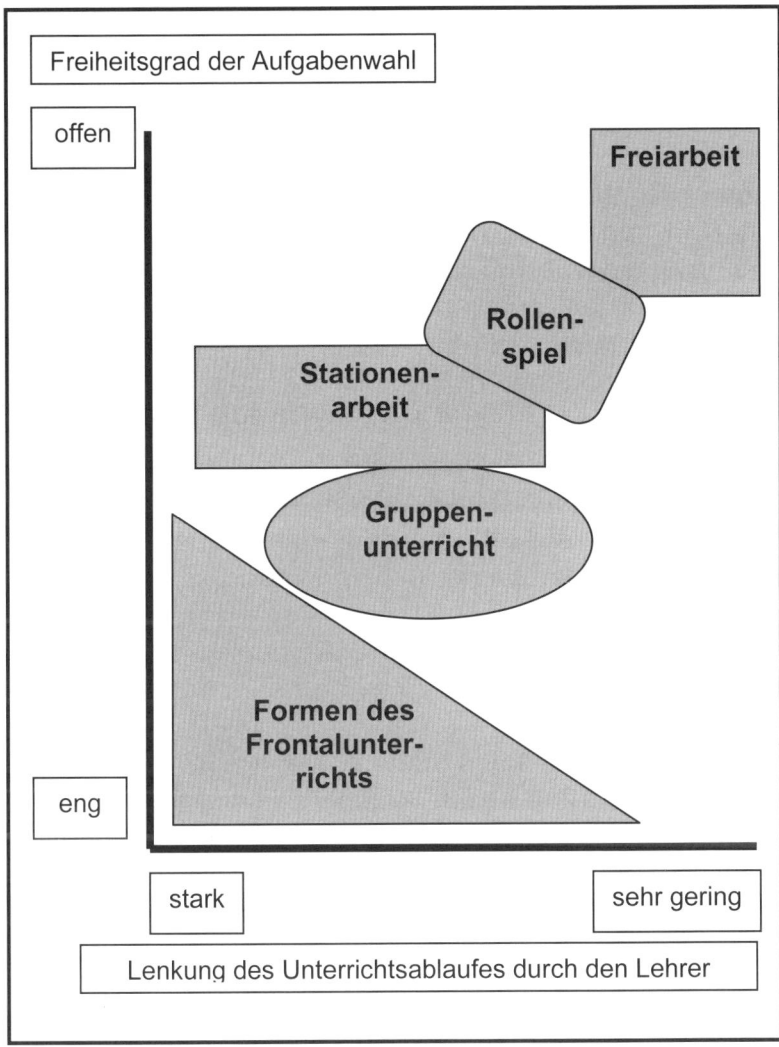

Abb. 5.2. Methodische Großformen des Unterrichts *(*modifiziert nach Wiechmann, 2006, S. 9ff.).

Die Abbildung stellt den Versuch dar, methodische Großformen zu systematisieren. Zum einen bestimmt die Wahl der Methode den Lenkungsgrad durch den Lehrer. Dieser ist bei einem Unterrichtsgespräch natürlich ungleich höher, als in einer Freiarbeit.

Darüber hinaus wird der Grad der Freiheit betrachtet, den der Schüler bei der Wahl der Aufgabe bzw. deren Bearbeitung hat. So hat beispielsweise im Rahmen eines Stationenlernens der Lernende zumeist die Wahl, mit welcher Station er anfängt. Je nach dem, wie die Stationenkarten gestaltet sind, muss der Schüler aber eventuell sehr genau den Arbeitsanweisungen folgen. Bezogen auf das letzte Beispiel, wendet Deutschlehrer Mustermann zunächst Formen des Frontalunterrichts und zum Ende der Stunde eine Form des Gruppenunterrichts an.

Im Folgenden werden die fünf methodischen Großformen aus der Abbildung 5.2 genauer dargestellt. Es existieren natürlich noch weitere methodische Großformen (z.B. Wochenplanarbeit, Planspiel, etc.), die hier nicht genauer erläutert werden. Die Auswahl erfolgte mit Blick auf die Methoden, die in der Schule vermutlich vergleichsweise häufig zum Einsatz kommen.

5.3 Methodische Großformen

5.3.1 'Frontalunterricht'

Der Begriff ‚Frontalunterricht' ist zumeist negativ besetzt und wird häufig gleichgesetzt mit lehrerzentriertem wenig handlungsorientiertem Unterricht. ‚Frontalunterricht' kann sowohl eine Sozialform, als auch eine Unterrichtsmethode sein (vgl. Abb. 5.1).
Der Begriff findet sich seit den 1960er Jahren verstärkt in der didaktischen Diskussion. Dabei wurde er zunächst nur dazu benutzt, den zu dieser Zeit favorisierten Gruppenunterricht von dem ‚normalen' Unterricht abzugrenzen (Gudjons, 2007). Meyer schlägt (1987, S. 183) folgende Arbeitsdefinition vor:

Frontalunterricht ist ein zumeist thematisch orientierter und sprachlich vermittelter Unterricht, in dem der Lernverband (die Klasse) gemeinsam unterrichtet wird und in dem der Lehrer, zumindest dem Anspruch nach, die Arbeits-, Interaktions- und Kommunikationsprozesse steuert und kontrolliert.

Diese Definition gibt allerdings allenfalls einen Rahmen vor, da der ‚Frontalunterricht' hier eher als bloße Sozialform gesehen wird. Der Wert der Definition liegt allerdings darin, dass Sie verdeutlicht, dass zur Methode des Frontalunterrichts der *Lehrervortrag* bzw. der *darbietende Unterricht* genauso gehört wie beispielsweise *Unterrichtsgespräche*. ‚Frontalunterricht' ist demnach, wie leider in der öffentlichen Diskussion allzu häufig geschieht, in keinem Fall mit einem Lehrervortrag synonym zu verwenden (Gudjons, 1998).
Aufgrund der negativen Assoziationen mit dem Begriff ‚Frontalunterricht' bevorzugen einige Autoren den Begriff des *Klassenunterrichts*. Dieser synonyme Gebrauch erscheint allerdings heute unscharf, da *Klassenunterricht* eine Sozialform darstellt, dem der Frontalunterricht als eine Form des *Klassenunterrichts*

untergeordnet werden muss (Aschersleben, 1999). Gudjons präzisiert (2007, S. 23) diese Unterscheidung und unterscheidet innerhalb des *Klassenunterrichts* bzw. *Plenumsarbeit* zwischen dem Frontalunterricht (frontale, lehrergelenkte Interaktion) und die (zeitweise) Schüler-Interaktion (Mehrweg-Kommunikation). Somit ist ein *Streitgespräch* oder eine *Debatte* Teil des *Klassenunterrichts*, nicht aber als *Frontalunterricht* zu bezeichnen.

Der Frontalunterricht lässt sich daher vereinfacht in zwei Verfahren einteilen: Dem *Lehrervortrag* bzw. *darbietenden Unterricht* und dem mehr oder weniger gelenkten *Unterrichtsgespräch*.

Der Lehrervortrag bzw. darbietender Unterricht

Der Lehrervortrag, den man in neueren Publikationen eher als *darbietenden Unterricht* bezeichnet, dient in erster Linie dazu den Schülern Informationen zu präsentieren bzw. etwas vorzumachen (Gudjons, 1998, S. 51 ff.). Die Methode besteht nicht nur aus dem gesprochenen Wort, sondern ebenfalls aus der Gestik und Mimik sowie den eingesetzten Medien (z.B. Tafel) zur Visualisierung. Nach Fuhrmann (1998) gehören zur Methode der Darbietung z.B. das Vortragen, das Vormachen, Vorführen, Vorzeigen, Vorlesen (vgl. die Inszenierungstechniken in Abb. 5.1). Dabei ist charakteristisch, dass die Lehrperson den Unterrichtsstoff aufbereitet und der Klasse als Ganzes darbietet. Der Vorteil liegt in dieser Unterrichtsmethode nach Apel (2007) beispielsweise darin, dass der darbietende Unterricht die Entwicklung mentaler Modells fördert und den Erwerb handlungsrelevanten Sachwissens stützt. Didaktische Anleitung und Präsentationen durch die Lehrkraft sind somit vor allem in komplexen Lernumgebungen unverzichtbar (vgl. ebd.).

Unterrichtsgespräche

Unterrichtsgespräche werden häufig als das Herzstück des Unterrichts bezeichnet, da sie eine häufig eingesetzte Art des Unterrichts darstellt (vgl. z.B. die Untersuchung von Hage et al., 1985). Ein *Gespräch* ist allgemein eine begrenzte Folge von sprachlichen Äußerungen, die dialogisch ausgerichtet ist und eine thematische Orientierung aufweist (Brinker & Sager, 2001). Ein *Unterrichtsgespräch* lässt sich nach Bittner (2005, S. 31) definieren, als „eine zum schulischen Lehren, Lernen und Erziehen eingesetzte dialogische Interaktion, mit der unter kommunikativen Gesetzmäßigkeiten sozial relevante Bildungskontexte bereitgestellt werden und in der die personalen Interessen, Rücksichten und Erwartungen so zu moderieren sind, dass Schüler kulturell vorstrukturierte Stoffgebiete er- und verarbeiten können."

Je nach Lenkungsgrad durch den Lehrer, lassen sich verschiedene (Haupt-) Formen von Unterrichtsgesprächen unterscheiden. So unterscheidet Orth (2000) fünf Hauptformen des Unterrichtsgesprächs[15]:

• Der Erzähl- bzw. Morgenkreis.
• Das Brainstorming.
• Das gelenkte Unterrichtsgespräch.
• Das offene Unterrichts- bzw. Schülergespräch.
• Diskussionen, Debatte und Streitgespräch.

Der *Erzähl-* oder *Morgenkreis* ist eine Gesprächsform, bei der die Schüler, z.B. am Anfang der Woche, nach den Ferien oder nach einem Ausflug berichten, was sie erlebt haben und was sie besonders bewegt hat. Diese Gesprächsform soll dem Lehrer Einblicke in das Leben und Denken der Schüler geben.

Das *Brainstorming* ist eine Art Ideensammlung. Das Ziel ist das assoziative Erschließen und Strukturieren eines bestimmten Themas. In der ersten sehr freien Phase sind alle Ideen erlaubt, Kritik wird nicht geübt. Erst in der zweiten Phase, wenn es darum geht die Schüleraussagen nach bestimmten Kriterien zu strukturieren, greift der Lehrer stärker in das Unterrichtsge-

---

[15] Der Blick in die didaktische Literatur ergibt bezüglich der Systematisierung als auch der Bezeichnung verschiedener Formen von Unterrichtsgesprächen ein sehr unübersichtliches Bild. So unterscheidet Bittner beispielsweise (2006) zwischen Erarbeitungs- und Verarbeitungsgesprächen, worunter der Autor insgesamt zehn Unterformen verschiedener Unterrichtsgespräche subsumiert.

schehen ein. Das *Brainstorming* bietet sich zu Beginn eines neuen Unterrichtsthemas an.

Das *gelenkte Unterrichtsgespräch* verdient eine besondere Aufmerksamkeit, da es die am häufigsten angewendete Methode im Schulalltag darstellt (vgl. Hage et al., 1985). Im gelenkten Unterrichtsgespräch gibt der Lehrer Inhalt und Ziel des Gesprächs vor. Die Schüler haben die Aufgabe durch Zwischen- und Rückfragen, dem Gedankengang des Lehrers (eventuell bezogen auf einen Text) zu folgen (vgl. genauer z.B. Thiele, 1981). Häufig mündet ein solches Unterrichtsgespräch in ein gemeinsam erstelltes Tafelbild.

Anders als Orth (2000) grenzt Meyer (1987a) das *gelenkte* von dem so genannten *fragend-entwickelnden Gespräch* ab. Meyer versteht darunter eine Gesprächsform, bei der der Lehrer durch die geschickte Nutzung der Vorkenntnisse der Schüler oder ihr Lernvermögen einen Gegenstand fragend entwickelt.

Eine besondere Form des gelenkten Unterrichtsgesprächs stellt das *Prüfungsgespräch* oder *Katechisieren* dar. Dieses ist gekennzeichnet durch einen ständigen Wechsel von Lehrerfrage und Schülerantwort. Im Grunde ist es kein echtes Gespräch. Es wird insbesondere bei Lernkontrollen oder zur Sicherung des Ausgangsniveaus eingesetzt.

Im *offenen Unterrichts-* oder *Schülergespräch* bestimmen die Interessen der Lernenden den Gesprächsverlauf. Der Lehrer tritt dementsprechend in den Hintergrund, der Verlauf und das Ergebnis des Gesprächs sind offen.

Die letzte Form von Unterrichtsgesprächen beschäftigt sich mit umstrittenen bzw. konsensbedürftigen Fragen und Problemen. Nach Orth (2000, S. 16) sind solchen Formen der *Diskussion*, der *Debatte* oder des *Streitgesprächs* gemeinsam, dass „es zwei oder mehrere kontroverse Positionen [gibt], die im Gespräch einander gegenüber gestellt werden mit dem Ziel, eine weitere Klärung und ggf. eine Entscheidung herbeizuführen." Die unterschiedlichen Formen unterscheiden sich durch den unterschiedlichen Regelungsgrad (vgl. z.B. Orth, 2000; Meyer, 1987a).

5.3.2 Gruppenunterricht

Im alltäglichen Unterricht kommt es oft vor, dass die Schüler gemeinsam in Gruppen vom Lehrer gestellte Aufgaben lösen. Nach einigen Definitionen wäre jede Unterrichtsform, bei der die Schüler mit mindestens zwei anderen Mitschülern Aufgaben lösen, ein *Gruppenunterricht* (vgl. Meyer, 1987a, S. 242).

Solche Handlungsmuster sind nach neueren Begriffsbestimmungen allerdings zunächst als *Gruppenarbeit* und somit als eine Sozialform zu bezeichnen. Gudjons lehnt es sogar ab, Gruppenunterricht als eine Methode zu bezeichnen (2003, S. 140), da in der Gruppenarbeit der Unterricht lediglich in Teilphasen in einzelnen Gruppen betrieben wird. Es lassen sich nach Prior (1985, S. 143 ff.) die unterschiedlichsten Formen der Gruppenarbeit unterscheiden.

Meiner Ansicht nach kann der Gruppenunterricht, anders als Formen der Gruppenarbeit, als methodische Großform bezeichnet werden, da im *Gruppenunterricht* eine längere zeitlich Aufteilung der Klasse bzw. des Kurses in Gruppen von drei bis sechs Mitgliedern[16] erfolgt. Darüber hinaus setzt ein echter *Gruppenunterricht* die Produktion von vorzeigbaren Arbeitsergebnissen voraus (Plakat, Collage, Präsentation, etc.), die für spätere Unterrichtsphasen nutzbar gemacht werden (vgl. Terhart, 1989; Gudjons, 2003).

Abzugrenzen ist der Gruppenunterricht vom so genannten *Kooperativen Lernen* (vgl. genauer Brüning & Saum 2006, Green & Green 2005) Der Hauptunterschied liegt darin, dass die Interaktion der Gruppenmitglieder in kooperativen Unterrichtsformen in hohem Maße strukturiert ist (z.B. im Gruppenpuzzle). Allgemein kann daher in Anlehnung an Meyer (vgl. 2003, S. 150) folgende Definition formuliert werden:

---

[16] Über die ideale Gruppengröße wird in der Literatur gestritten. Gudjons (1993) hält zwar Gruppen mit bis zu acht Mitgliedern für möglich, die beste Gruppengröße liegt allerdings bei fünf Schülerinnen und Schülern (vgl. ebd.).

Gruppenunterricht ist eine Methode, in der sich einzelne Lerngruppen entweder *arbeitsteilig* bzw. *themendifferenziert* oder *arbeitsgleich* bzw. *themengleich* mit einer von der Lehrkraft gestellten oder mit einer selbst erarbeiteten Themenstellung im Rahmen mehrerer Unterrichtseinheiten beschäftigen.

Mit der Wahl des Gruppenunterrichts als Unterrichtsmethode sind sowohl die Struktur des Lehrens und Lernens, die Rolle des Lehrers als auch die Interaktionsstrukturen vorgezeichnet. Der Vorteil der Methode des Gruppenunterrichts bei der Vermittlung von fachlichen Fähigkeiten und Fertigkeiten wird vor allem im selbsttätigen Lernen gesehen. Danach bleibt Wissen, welches durch Selbsttätigkeit der Schüler erworben wird, viel länger erhalten als durch Belehrungen und Demonstrationen.

Des Weiteren werden dem Gruppenunterricht zahlreiche überfachliche Ziele zugeschrieben. Neben der übergeordneten Schlüsselqualifikation der Teamfähigkeit, erwerben die Schüler im gemeinsamen Arbeiten methodische Kompetenzen und grundlegende kommunikative Fähigkeiten (z.B. dem Anderen zuhören, andere Meinungen akzeptieren). Gruppenunterricht fördert außerdem die Kreativität und Selbstständigkeit (vgl. Nürnberger Projektgruppe 2001, S. 11f.). Durch die verstärkte Eigentätigkeit der Schüler ist weiterhin eine bessere Motivation zu erwarten. Nicht zuletzt wird eine individuelle Förderung dadurch erleichtert, dass die Lehrkraft sich längerfristig einzelnen Schüler zuwenden kann.

Die Vorteile der Methode des Gruppenunterrichts kommen allerdings nur dann zum tragen, wenn bestimmte Voraussetzungen gegeben sind. Dazu gehört zunächst die Wahl eines geeigneten Themas. Das Thema muss in gehaltvolle, exemplarisch wesentliche Teilaufgaben gliederbar sein und ein selbstständiges Erarbeiten ermöglichen.

Zentrale Bedeutung für einen gelungenen Gruppenunterricht haben außerdem die Arbeitsaufträge. Haag formuliert (2005, S.

29) zentrale Merkmale für gruppentaugliche und verständliche Arbeitsaufträge. Danach sollen die Arbeitsaufträge:

• so gestaltet sein, dass sie die Gruppen zu kooperativem Handeln veranlassen.
• dem Leistungsstand der Schüler angemessen sein.
• exakt und verständlich die auszuführenden Handlungen beschreiben.
• eine eindeutige Reihenfolge der Handlungen erkennen lassen.
• die Dauer von Arbeitsschritten verdeutlichen.

In diesem Zusammenhang muss der Lehrer in der Planung bereits grundlegende Fragen zur späteren Durchführung des Gruppenunterrichts beantworten. Die Nürnberger Projektgruppe (vgl. 2001, S. 32) bietet dazu eine Liste zentraler Fragen:

• Hat die Klasse/der Kurs bereits Erfahrungen mit Gruppenunterricht oder wird die Unterrichtsmethode erst neu eingeführt?
• In welchem unterrichtlichen Rahmen soll der Gruppenunterricht eingebettet werden? Auf welcher Artikulationsstufe des Unterrichts (z.B. Hinführung, Erarbeitung, Übung, etc.) soll der Gruppenunterricht eingesetzt werden (vgl. genauer Kap. 4)?
• Beherrschen die Schüler die zur Bearbeitung der Aufgaben nötigen Arbeitstechniken?
• Sollen die Leistungen der Gruppen bewertet werden? Welche Kriterien spielen dabei eine Rolle?

In den Arbeitsphasen der einzelnen Gruppen sind ebenfalls bestimmte Aspekte zu beachten. Eventuell müssen für die Arbeitsphasen Gesprächs- bzw. nach Meyer (2003, S. 157) Spielregeln für die Schüler festgelegt und räumliche Voraussetzungen (vgl. ebd.) geklärt werden. Insbesondere die Rolle der Lehrkraft mit einem Grundkonflikt zwischen Eingreifen und Nicht-Eingreifen ist eine wichtige Frage. Meyer fordert (vgl. 1987a, S. 268), dass die Lehrer lernen müssen, zuzuhören, abzuwarten, zu beobachten und Lernumwege zuzulassen. Darüber hinaus gehört für Haag (vgl. 2005, S. 30) zu einem gelungen Gruppenunterricht auch eine Art Metakommunikation. Lehrer und Schüler sollten hin und wieder reflektieren, welche Probleme und Schwierigkeiten es in den einzelnen Gruppen gibt und was besonders gut läuft.

5.3.3 Stationenlernen

Das Lernen an Stationen hat Konjunktur. War diese offene Form des Unterrichtens lange Zeit auf die Grundschule beschränkt, so kommt sie heute verstärkt auch in den weiterführenden Schulen zum Einsatz. Für viele Fächer liegen fertige Beispiele für ein Lernen an Stationen vor. Zahlreiche Vorteile sowohl für Schülerinnen und Schüler (z.B. Selbsttätigkeit), als auch für Lehrerinnen und Lehrer (z.B. Entlastung im Unterricht) werden dem Stationenlernen zu geschrieben.

Die Ursprünge des Stationenlernens gehen zurück bis in die Zeit der Reformpädagogik. Forderungen nach Selbsttätigkeit der Schüler, Verbindung von Kopf- und Handarbeit, Rückgriff auf Erfahrungswissen sowie Individualisierung verdeutlichen die Nähe zu reformpädagogischen Ideen. Die amerikanische Pädagogin Helen Parkhurst praktizierte bereits zu Beginn des 20. Jahrhunderts, in Anlehnung an Maria Montessori, den so genannten Lernzirkel als Arbeitsform (Bauer, 1997). Allgemein definiert Bauer (ebd., S. 59):

Lernen an Stationen (oder auch Lernzirkel, Stationenlernen, Übungszirkel, usw.[17]) beschreibt jeweils das zusammengesetzte Angebot mehrerer Lernstationen, das die Lernenden im Rahmen einer übergeordneten Thematik bearbeiten und unter Umständen teilweise mitgestalten.

---

[17] Die Begriffe Lern- oder Übungszirkel werden in der neueren didaktischen Literatur häufig abgelehnt, um Assoziationen zum Zirkeltraining im Sport zu vermeiden. Dementsprechend finden im weiteren Verlauf lediglich die Begriffe 'Lernen an Stationen', 'Stationenlernen', 'Stationsarbeit' und 'Stationenarbeit' synonyme Verwendung.

Allgemeindidaktisch stellt das Lernen an Stationen somit eine methodische Großform dar, bei der die Lernprozesse vor allem durch einen hohen Grad der Selbsttätigkeit der Schüler gekennzeichnet sind (Vollstädt, 2000; Meyer, 2004).

Neben Bauer (1997, 1998), bieten z.B. Hegele (1997; 1998) van der Gieth (1999), Metzmacher (2006) und mit dem Fokus auf der Grundschule Krebs & Faust-Siehl (1993), eine Einführung in die Methode des Stationenlernens.

Durch die offene Unterrichtsstruktur werden verschiedene Lerntypen und Lerngeschwindigkeiten stärker berücksichtigt, als in einem für alle gleichen linear strukturierten Lehrgang. Somit wird eine individuelle Förderung erleichtert. Es lassen sich folgende (mögliche) Vorzüge einer Stationenarbeit zusammenfassen:

Lernen an Stationen …
• fördert Eigenständigkeit.
• ist handlungsorientiert.
• ermöglicht Binnendifferenzierung.
• fördert Sozialkompetenz.
• fördert Methodenkompetenz.
• fördert Emanzipation.

Diese Aspekte stellen sich selbstverständlich nicht per se ein, sondern benötigen einen sinnvollen und angemessenen Umgang mit der Methode. Stationenlernen darf dementsprechend niemals Selbstzweck sein und nur deshalb zur Anwendung kommen, weil alle Lernenden gleichzeitig aktiv werden können und diese offene Form häufig bei den Kindern und Jugendlichen gut ankommt. Insgesamt lassen sich aus didaktischer Perspektive vier unterschiedliche Arten des Lernens an Stationen unterscheiden:

- *Lernen an Stationen zur Vertiefung eines vorher bearbeiteten Themas:* Hier erfolgt das Lernen an den Stationen nach einer Erarbeitungsphase bestimmter Aspekte einer Unterrichtsreihe.
- *Lernen an Stationen zur Erarbeitung eines neuen Themas:* Dazu wird den Lernenden der gesamte Inhalt bzw. Lernweg auf einmal präsentiert. Eine Lernerfolgskontrolle erfolgt entweder direkt nach der Bearbeitung einer Station oder am Ende des Stationenlernens. Es empfiehlt sich, neben Pflichtstationen auch Wahlstationen anzubieten, um eine stärkere Individualisierung zu ermöglichen.
- *Lernen an Stationen als Diagnoseinstrument:* Die Stationen werden zum Ende einer Unterrichtsreihe angeboten. Die Schüler beobachten und dokumentieren ihren Lern- und Leistungsstand zunächst selbstständig. Anschließend können die Leistungen an den Stationen bzw. einigen Stationen zur Leistungsbeurteilung genutzt werden.
- *Lernen an Stationen zur Einführung in ein neues Thema:* Hierbei werden Stationen eingesetzt, um die Schüler in ein Thema einzuführen.

Selbstverständlich sind auch Mischformen denkbar, bei denen beispielsweise durch die Stationen eine thematische Vertiefung erfolgt und einzelne Stationen ebenfalls direkt zur Leistungsbeurteilung herangezogen werden.

Gestaltung der Stationen

Der Erfolg eines Stationenlernens hängt entscheidend von der Gestaltung der Stationskarten ab. Auf den Stationskarten werden (meist schriftliche) Arbeitsaufträge bereitgestellt. Die Arbeitsaufträge sollten für die Schüler selbsterklärlich und verständlich sein. Dabei ist das Niveau der Schüler zu berücksichtigen und darauf zu achten, dass allen Schülern ein Erfolgserlebnis ermöglicht wird. Dahingehend ist es sinnvoll, dass die Ergebnisse an den einzelnen Stationen durch die Schüler selbst überprüfbar sind.

Die Stationskarten sind möglichst attraktiv und anregend zu gestalten. Wenn möglich, ist darauf zu achten, dass verschiedene Lernkanäle (z.B. sehen, hören, fühlen) genutzt werden. Außerdem sollten Möglichkeiten zur Differenzierung gegeben werden. Dies kann sowohl quantitativ ("Wenn du damit fertig bist, dann …") als auch qualitativ ("Finde eine eigene Form der Darstellung …") erfolgen.

Als eine weitere Möglichkeit zur Gestaltung der Stationskarten verweist Bauer (1997, S. 93) darauf, die Schüler bei der Planung mit einzubeziehen. So kann man je nach Thema vorab mit den Schülern besprechen, welche Aspekte oder Fertigkeiten sie für ihren Lernweg als besonders wichtig erachten.

Die Stationskarten werden entweder in der Klasse für alle gut sichtbar an der Wand befestigt oder ausgelegt[18]. Es empfiehlt sich, die Nummer der einzelnen Stationen durch Ziffernkarten zu verdeutlichen. Ein Raumplan, auf dem die Stationen ersichtlich sind, ist ebenfalls zu empfehlen.

Entscheidend ist die Frage, wie viele Stationen der Klasse bzw. dem Kurs in welcher Zeit angeboten werden. Häufig wird zwischen so genannten Pflichtstationen und frei wählbaren Stationen unterschieden. Eine weitere Möglichkeit besteht darin, die Schüler selbst zum Erstellen weiterer Stationskarten anzuregen. Den Schülern muss in jedem Fall von Beginn an klar sein, welche Stationen sie in jedem Fall bearbeiten müssen und welche Stationen Wahlstationen sind.

Unumgänglich ist dabei die Führung eines ‚Laufzettels'. Darauf sind alle Stationen aufgelistet und als Pflicht- oder Wahlstation gekennzeichnet. Die Schüler vermerken nach Beendigung einer Station dies auf ihrem persönlichen Laufzettel. Dadurch dokumentieren die Kinder und Jugendlichen den Stand ihrer Arbeit und können die weiteren Tätigkeiten besser planen. Denkbar ist es, dass der Lehrer die Fertigstellung einzelner Stationen kontrolliert und die Schüler sich ihren Laufzettel jeweils vom Lehrer abzeichnen lassen.

---

[18] Hilfreich ist die Nutzung von Laminiergeräten, um die Lebensdauer der Stationskarten zu erhöhen.

Sollten die Schüler an einzelnen Stationen zwischen unterschiedlichen Sozialformen (Einzel-, Partner- oder Gruppenarbeit) wählen können, so ist es sinnvoll, auf dem Laufzettel die gewählte Sozialform mit aufzuführen. Des Weiteren sollten die Schüler ebenfalls die benötigte Zeit notieren. Es kann je nach Thema und Lerngruppe auch sinnvoll sein, die Schüler einen Laufzettel selbst entwerfen zu lassen. Für die Lehrkraft ist ein Laufzettel insofern sehr aufschlussreich, da daraus Arbeitstempo, Anspruchsniveau oder auch Interessen bzw. Vermeidungsstrategien ersichtlich werden.

Organisation und Durchführung

Die Stationen sollten räumlich so angeordnet sein, dass die Schüler die Struktur des Stationenlernens ohne Mühe erkennen. Außerdem muss gewährleistet sein, dass jeder alleine oder mit anderen ungestört arbeiten kann. Bevor die Schüler mit der Arbeit an den Stationen beginnen können, müssen klare Vereinbarungen über die Bearbeitung und das Verhalten getroffen werden. Es empfiehlt sich, zu Beginn der ersten Stunde des Stationenlernens mit den Schülern gemeinsam zentrale Regelungen festzulegen.

Es sollte z.B. geklärt werden, wie mit halbfertigen oder fertigen Arbeiten verfahren wird. Wie das Arbeiten an den einzelnen Stationen abzulaufen hat und welche Regeln für das soziale Miteinander gelten (vgl. Hegele, 1998). Die Vereinbarungen sollten für alle in jeder Stunde transparent gemacht werden (vgl. Abbildung 5.3).

Klasse 6c: Vereinbarungen & Regeln für unsere Arbeit an den Stationen:

- Wir beenden einmal angefangene Stationen, bevor wir mit einer neuen Station beginnen.
- Wir üben konzentriert.
- Wir stören andere Kinder nicht bei ihrer Arbeit.
- Wir helfen anderen, wenn sie Fragen haben.
- Wir gehen pfleglich mit den Materialien um.

Abb. 5.3. Beispiele für festgelegte Vereinbarungen eines Stationenlernens.

Eine genaue Festlegung der gesamten Arbeitszeit („Ihr habt insgesamt vier Unterrichtsstunden Zeit, …") erscheint weder nötig noch sinnvoll. Empfehlenswerter sind gemeinsame Absprachen zwischen Lehrer und Schülern. Diese sollten nach den ersten Erfahrungen der Lernenden mit den Stationen getroffen werden. Lehrer und Schüler können dann gemeinsam einschätzen, wie viel Zeit sie benötigen.

Es sollte ebenfalls vereinbart werden, wie sich die Lernenden verhalten, wenn irgendwelche Fragen (z.B. zur Durchführung der Stationen) auftauchen. Um den Vorzug des selbsttätigen Lernens aufrechtzuerhalten, bietet es sich an, durch besondere Formen der inneren Differenzierung die Schüler zum gegenseitigen Helfen anzuregen. Kinder und Jugendliche helfen sich gerne gegenseitig und erklären sich zum Teil Inhalte und Sachverhalte besser als Erwachsene das können. Es sollte demnach in jedem Fall verhandelt werden, dass Fragen zunächst mit Mitschülern geklärt werden und erst dann der Lehrer hinzugezogen wird. Noch deutlicher wird ein solcher Umgang mit Fragen durch die Gestaltung so genannter Helfersysteme (Bauer, 1997).

Dabei heften Lernende, die eine Stationen sicher beherrschen, vorgefertigte Namensschilder an eine Station und symbolisieren dadurch, dass sie als Ratgeber und Helfer für diese Station zur Verfügung stehen. Die Rolle des Lehrers wird dadurch verändert. Sie unterscheidet sich beim Lernen an Stationen gänzlich von der Rolle, die der Lehrer in anderen eher geschlossenen Unterrichtskonzeptionen einnimmt. Der Lehrer verlässt seine sonst häufig vorkommende Anweisungs- und Vermittlungsrolle und wird zum Berater und Beobachter. Er wendet sich häufiger an einzelne Schüler, die Hilfe benötigen. Ein Großteil der Arbeit liegt in der Aufbereitung der Lerninhalte bzw. Vorbereitung der Stationskarten. Dadurch steigt der Zeitaufwand für Vorbereitung, der Energieaufwand ist jedoch deutlich geringer. Denn es erfordert viel mehr Energie in einer eher geschlossenen Unterrichtskonzeption alle Schüler auf die Lehrperson oder das lineare Vorgehen zu konzentrieren (Bauer, 1998).

Beim ‚Lernen an Stationen' wird der Lehrer weniger zur Ruhe und Aufmerksamkeit auffordern müssen, denn die Aufmerksamkeit entsteht für gewöhnlich durch die Konzentration der Schüler auf selbst gewählte Unterrichtsgegenstände. Somit kann die Methode des Lernens an Stationen einen wichtigen Beitrag zur Entlastung der Lehrer im Unterrichtsalltag leisten.

5.3.4 Projektarbeit

Die Projektarbeit wird als wichtiger Baustein für schülerorientierten Unterricht angesehen. Dies ist insofern nicht verwunderlich, da projektorientiertes Arbeiten viele Vorteile haben kann. Aus der Sicht der Lernpsychologie kann bei Projektarbeit mit größerer Motivation gerechnet werden, da die Schüler zum selbstständigen Arbeiten an ihren *eigenen* Projekten angeregt werden. Nach Frey (2006) wird dabei eine Art entdeckendes Lernen ermöglicht. Bei der Projektarbeit werden zumeist mehrere Eingangskanäle genutzt, was sich positiv auf den Lernprozess auswirken kann. Des Weiteren scheint projektartiges Lernen eine mögliche Antwort auf die immer komplexer werdende Gesellschaft zu sein.

Die Wurzeln des Projektunterrichts[19] sind in den letzten Jahren kontrovers diskutiert worden (beispielsweise Bastian & Gudjons, 1993; Frey, 1993; Knoll, 1993). Nach neueren Untersuchungen stammt der Projektbegriff weder aus der Zeit der Reformpädagogik[20], noch aus Amerika. Nach Knoll (1993) findet man den Begriff bereits im 16. Jahrhundert z.B. in Italien oder Frankreich, wo er sich im Ingenieurwesen etablierte.

Für den Schulunterricht erlangte der Projektgedanke erstmals in der Reformpädagogik eine gewisse Bedeutung, geriet in den darauf folgenden Jahren allerdings in Vergessenheit.

Ein erstes umfassendes Konzept wurde von Dewey (1916) entwickelt. Dewey sah im Projektunterricht drei wesentliche Vorteile, die gleichzeitig als Merkmale gelungener Projektarbeit angesehen werden können (Gudjons, 2003):

- Die Schüler lernen Probleme zu lösen.
- Die Schüler werden zur Demokratie erzogen.
- Die Schüler machen ‚denkende Erfahrung'.

Mittlerweile existiert eine Vielzahl unterschiedlicher Konzeptionen des Projektunterrichts, die sich allerdings in vielen Punkten ähneln (vgl. beispielsweise Duncker & Götz, 1984, Hänsel & Müller, 1988; Bastian & Gudjons, 1991; 1993; Frey, 1993; Apel & Knoll, 2001). Eine mögliche Definition findet sich bei Bastian (1993, S. 8)

---

[19] In der Literatur wird der Begriff des Projektunterrichts sehr unscharf benutzt. Neben *Projektunterricht* ist vielfach auch von *projektorientiertem Lernen*, *Projektmethode* oder *Projektarbeit* die Rede. Darüber hinaus gibt es Projekttage oder Projektwochen, die zwar einen gewissen (zeitlich-räumlichen) Rahmen signalisieren, aber nicht zwingend einen Projektunterricht enthalten müssen. Im Folgenden wird der Begriff *Projektunterricht* und *–arbeit* synonym verwendet.

[20] Die Reformpädagogik dauerte ca. von 1900 bis 1933 und wird häufig am Protest gegen eine zu enge Formalisierung des Unterrichts festgemacht (vgl. beispielsweise Gudjons, 1995).

> **Projektunterricht** (oder auch Projektarbeit) „versteht sich als besondere Unterrichtsform, in der sich Lehrer und Schüler einem gemeinsam formulierten Thema/Problem zuwenden, zu dessen Bearbeitung einen Plan entwickeln, sich arbeitsteilig mit der Lösung beschäftigen und die Lösungsversuche anderen vermitteln bzw. in einem gemeinsamen Produkt präsentieren".

In Anlehnung an Dewey & Kilpatrick (1935) ergeben sich aus diesem Verständnis vier aufeinander aufbauende Projektschritte:

- Eine problemhaltige Sachlage auswählen.
- Gemeinsam einen Plan zur Problemlösung entwickeln.
- Sich mit den Problemen handlungsorientiert auseinandersetzen.
- Die erarbeitete Problemlösung an der Wirklichkeit überprüfen.

Demgegenüber entwickelt Frey (1993) ein Grundmuster der Projektmethode, welche insgesamt aus sieben Komponenten besteht:

- Projektinitiative.
- Auseinandersetzung mit der Projektinitiative (Ergebnis: Projektskizze).
- Entwicklung des Betätigungsgebietes (Ergebnis: Projektplan).
- Verstärkte Aktivität im Betätigungsgebiet bzw. Ausführung des Projektplans.
- Abschluss des Projektes.
- Fixpunkte (bei längeren Projekten) (Ergebnis Zwischenberichte).
- Zwischengespräch oder Metainteraktion.

Ganz gleich, welchem Muster man folgt, grundsätzlich müssen für eine echte und gelungene Projektarbeit im Wesentlichen acht Merkmale bei der Planung und Durchführung berücksichtigt werden:

- Situationsbezug.
- Orientierung an den Interessen der Beteiligten.
- gesellschaftliche Praxisrelevanz.
- zielgerichtete Projektplanung.
- Selbstorganisation und Selbstwahrnehmung.
- Einbeziehung vieler Sinne.
- soziales Lernen.
- Produktorientierung.

Projektunterricht besitzt seine Stärken in der vergleichsweise offenen Unterrichtssituation. Die Schüler sind gezwungen, Verantwortung für den eigenen Lernfortschritt zu übernehmen. Die Projektmethode ist damit aber keine optimale Methode, um sich vorgegebene Objekte bzw. Informationen schnell anzueignen. Frey verweist (2006) auf insgesamt drei unterrichtliche Grenzen, wonach Projektunterricht immer dann versagt,

- wenn durch Stoffvorgabe, Lernschrittanordnung oder vorab genau festgelegten Fertigkeitserwerb stark vorstrukturierte Lernprozesse ablaufen sollen (z.B. bei der Anwendung einer Formel im Fach Mathematik).
- wenn die Lernprozesse unter Zeitdruck ablaufen (z.B. kurz vor einer Klassenarbeit).
- wenn die Lernleistungen kurz nach Abschluss der Lernprozesse vorhanden sein sollen (z.B. beim Vokabellernen in einer Fremdsprache).

5.3.5 Freiarbeit

Die Freiarbeit stellt die Unterrichtsmethode dar, in der die Lenkung der Lehrperson am geringsten und der Freiheitsgrad bei der Aufgabenwahl durch den Lernenden am größten ist (vgl. Abb. 5.2).

Befürworter einer stärkeren Nutzung der Methode der Freiarbeit formulieren ähnliche Gründe, die für die Projektarbeit (vgl. Kap. 5.3.4) angeführt werden. Nicht verwunderlich ist daher, dass bei der Förderung nach einer Öffnung des Unterrichts die Frei- und Projektarbeit häufig gemeinsam als Möglichkeit für ein schülerorientiertes Arbeiten genannt werden (vgl. z.B. Bastian, 1993; Gudjons, 2000).

Die Freiarbeit basiert dabei insbesondere auf der Grundannahme, dass Kinder lernen wollen und dies auch eigenständig tun können. Konstruiert wird Wissen effektiv, wenn der Lerner aktiv bei der Auswahl der Inhalte und Methoden mitwirkt. Dieses aktive, interessengeleitete, nicht oder nur eingeschränkte Tätigsein wird im Unterricht durch die Methode der Freien Arbeit besonders ermöglicht. Die Freiarbeit gewährleistet ein individuelles Arbeiten der Schüler. Sie begegnet somit der Gefahr eines gleichschrittigen Unterrichts, besonders der Unter- oder Überforderung der Schüler sowie der Lebensferne, da an bereits vorhandenes Wissen und Fähigkeiten angeknüpft wird. Im Prozess des freien Lernens entdecken die Schüler eigenständig, welche Informationen, Wissensvorräte, Lernstoffe usw. ihnen zur Bewältigung ihrer Arbeitsaufgabe fehlen und wenden sich dabei auch bereits gelerntem Stoff wieder zu. Sie lernen also nicht linear, sondern pendelnd bzw. kreiselnd. Freiarbeit kann ebenfalls zur Persönlichkeitsentwicklung beitragen, da wichtige Kompetenzen (z.B. Selbstständigkeit oder Eigenverantwortlichkeit) eingeübt werden.

Die Wurzeln der Freiarbeit sind, anders als bei der Projektarbeit, eindeutig in der Reformpädagogik zu suchen. Die Reformpädagogen Petersen (1881-1952), Freinet (1896-1966) und Montessori (1870-1952) sind untrennbar mit der Methode der Freiarbeit verbunden. Dabei stand das selbstständig forschende und entdeckende Lernen im Vordergrund und auf die unterschiedlichen Interessen und Fähigkeiten der Kinder wurde besondere Rücksicht genommen. Die italienische Reformpädagogin Montessori entwickelte für die Freiarbeit besonders geeignete Lernmaterialien. Der zentrale Leitsatz der Montessori-Pädagogik lautet: *„Hilf mir, es selbst zu tun.“* Erstmals wurde der Begriff der ‚Freien Arbeit' oder ‚Freiarbeit' in den 1920er Jahren in der Arbeitsschule Gaudigs (1860-1923) benutzt (vgl. Seitz, 1999).

Begrifflich ist die Methode der Freiarbeit heute kaum zu fassen, da eine Definition nicht alle Differenzierungen berücksichtigen kann, die unter dem Begriff der Freiarbeit[21] zu finden sind (vgl. Bastian, 1993). Eine mögliche Arbeitsdefinition lässt sich aus dem bei der Thematik der Freiarbeit häufig zitierten Buch von Wallrabenstein (1991) ableiten:

Freiarbeit (oder auch Freie Arbeit) ist eine Unterrichtsform, in der sich die Schüler, in einem klar definierten Raum, in einer Art Lernlandschaft aus einem Angebot von Lernmöglichkeiten und im Rahmen ihrer Lernbiografie Aktivitäten für sich auswählen und einen eigenen Lernweg beschreiten.

Wallrabenstein (ebd.) weist allerdings daraufhin, dass in der Schulpraxis Freiarbeit häufig mit Phasen gekoppelt wird, in denen Pflichtaufgaben erfüllt werden müssen.

Die Freiarbeit unterscheidet sich von der Projektarbeit dadurch, dass die Schüler zumeist mit einem Tages- oder Wochenplan, der gemeinsam mit dem Lehrer erstellt wurde, arbeiten. Die Schüler arbeiten an Übungsmaterialien, an kreativen, spielerischen und problemlösenden Lernangeboten (Bastian 1993). Außerdem erstreckt sich die Methode der Freiarbeit zumeist über einen längeren Zeitraum. Insgesamt lässt sich die Methode der Freiarbeit, wie die Projektarbeit, ebenfalls in sieben Schritte einteilen:

---

[21] Neben dem Begriff der Freiarbeit finden sich in der Literatur ebenfalls die Begriffe ‚Freie Arbeit' oder ‚Freie Vorhaben'.

- Themenfindung und eventuell Bildung von Arbeitsteams.
- Entwicklung eines Arbeitsplanes.
- Informations- und Materialbeschaffung.
- Erarbeitung eines Themenschwerpunktes: Aufbereitung und Darstellung der Informationen.
- Vorbereitung der Präsentation.
- Präsentation der Arbeitsergebnisse.
- Reflexion des Arbeitsprozesses und der Ergebnisse.

Unterscheiden lassen sich noch radikale Formen und eher materialzentrierte Formen. Dies hängt davon ab, inwieweit der Schüler an der Auswahl und Beschaffung des Materials beteiligt wird. Den Materialien kommt in der Freiarbeit die zentrale Bedeutung zu, da der Lehrer nur in Ausnahmefällen ins Unterrichtsgeschehen eingreift. Es lassen sich bezüglich des Materials folgende Regeln aufstellen (vgl. z.B. Claussen, 1995; Gerve, 1998):

- jedes Material ist nur einmal in der Klasse.
- das Material hat hohen Aufforderungscharakter.
- die Schüler gehen selbstständig mit dem Material um, nachdem dieses vom Lehrer eingeführt worden ist.
- jedes Material enthält eine Selbstkontrolle.

Die Materialien sollten verschiedene Sozialformen (Einzel-, Partner und Gruppenarbeit) ermöglichen. Zur Sicherung der Ergebnisse sollte jeder Schüler einen ‚Freiarbeitsordner' anlegen, in dem etwa korrigierte Arbeitsblätter abgeheftet werden. Die erste Seite besteht aus einem Protokollbogen, in den die Kinder eintragen, was sie an welchem Tag gearbeitet haben.
Aufgrund der Tatsache, dass das Material eine besondere Rolle einnimmt und die Freiarbeit geprägt ist von langen Phasen des selbst bestimmten Arbeitens, sind zuvor Regeln zu entwickeln, um eine angemessene Arbeitsatmosphäre zu schaffen (vgl. Traub, 2000 bzw. Abb. 5.4).

Regeln für unsere Freiarbeit:

- *Wir arbeiten möglichst leise, um die anderen nicht zu stören.*
- *Wir bringen benutzte Materialien wieder vollständig an ihren Platz.*
- *Wir beenden eine angefangene Arbeit, bevor wir mit etwas neuem anfangen.*
- *Wir fragen bei Problemen zunächst die Mitschüler und dann eventuell den Lehrer.*
- *Wir lassen uns nicht von anderen ablenken.*
- *Wir dokumentieren die Arbeitsergebnisse.*

Abb. 5.4. Beispiele für festgelegte Regeln einer Freiarbeit.

Freie Arbeit stellt im Spektrum offener Unterrichtsmethoden die Methode dar, bei der die Selbstbestimmung durch die Lernenden den größtmöglichen Freiheitsgrad besitzt. Es wird für die Lernprozesse bewusst Zeit gegeben. Die Schüler entscheiden selbst, in welcher Weise sie sich vertiefend mit einer Sache beschäftigen (vgl. Beispiele z.B. Bannach, 2002; Bartnitzky & Christiani, 1998). Ein solches Vorgehen kann gleichsam problematisch sein, wenn beispielsweise die Lerngegenstände und die Materialien nicht richtig ausgewählt worden sind oder wenn die Lernenden mit der offenen Unterrichtssituation überfordert sind. Freiarbeit kann daher in keinem Fall die alleinige Unterrichtsmethode sein.

5.4 Ausblick

In diesem Kapitel sind insgesamt fünf so genannte methodische Großformen in ihren Grundzügen dargestellt worden. Selbstverständlich ließen sich noch weitere Methoden oder Handlungsmuster ergänzen. Es bleibt daher der Verweis auf weitergehende Literatur. Dabei ist in den letzten Jahren eine zunehmende Zahl von so genannten Methoden-Lexika erschienen, die versuchen, die Vielzahl von Methoden zu erfassen. Zu empfehlen ist zum Beispiel das Kleine Methoden-Lexikon von Peterßen (1999) oder die Publikationen von Hugenschmidt & Technau (2005), Mattes (2002), Horst & Ohly (2001) und Klippert (2007). Darin werden zahlreiche Methoden unterschiedlicher Abstraktion kurz dargestellt und weitergehende Literaturverweise gegeben.

Insgesamt lässt sich eine Tendenz zu eher offenen und schülerorientierten Unterrichtsmethoden feststellen (Gudjons, 2004, S.7). Allerdings ist damit nicht gemeint, dass allein offene Methoden einen erfolgreichen Unterricht ermöglichen. Guter Unterricht (siehe Kapitel 9) setzt in jedem Fall eine sinnvolle und abwechslungsreiche Methodenwahl voraus. Meyer, Pfiffner & Walter ergänzen (2007) dazu, dass es keine Unterrichtsmethode gibt, die prinzipiell allen anderen überlegen ist. So gibt es guten und schlechten Frontal- bzw. Klassenunterricht genauso, wie gut oder schlecht gemachten Gruppenunterricht oder Stationenlernen.

Literaturverzeichnis

Apel, H.J. & Knoll, M. (2001). *Lernen aus Projekten*. München: Oldenbourg.

Apel, H.J. (2007). Darbietung im Unterricht. Tradition, Formen und Grenzen der Darbietung. *Pädagogik*, 59 (11), 12-15.

Aschersleben, K. (1999). *Frontalunterricht – klassisch und modern*. Neuwied: Kriftel.

Bannach, M. (2002). *Selbstbestimmtes Lernen. Freie Arbeit an selbst gewählten Themen*. Baltmannsweiler: Schneider.

Bartnitzky, H. & Christiani, R. (1998). *Die Fundgrube für Freie Arbeit. Das Nachschlagewerk für Einsteigerinnen und Fortgeschrittene*. Berlin: Cornelsen.

Bastian, J. (1993). Freie Arbeit und Projektunterricht. Eine didaktische „Wiedervereinigung". *Pädagogik*. 45 (10), 6-9.

Bastian, J. & Gudjons, H. (Hrsg.) (1991). *Das Projektbuch. Theorie – Praxisbeispiele – Erfahrungen* (3. Aufl.). Hamburg: Bergmann & Helbig.

Bastian, J. & Gudjons, H. (Hrsg.) (1993). *Das Projektbuch II. Über die Projektwoche hinaus. Projektlernen im Fachunterricht* (2. Aufl.). Hamburg: Bergmann & Helbig.

Bauer, R. (1997). *Schülergerechtes Lernen in der Sekundarstufe I: Lernen an Stationen*. Berlin: Cornelsen.

Bauer, R. (1998). Lernen an Stationen. Neue Möglichkeiten des Handlungsorientierten Lernens. *Pädagogik*, 50 (7/8), 25-27.

Bönsch, M. (1995). *Variable Lernwege: ein Lehrbuch der Unterrichtsmethoden* (2. durchgesehene Aufl.). Paderborn: Schöningh.

Bittner, S. (2006). *Das Unterrichtsgespräch. Formen und Verfahren des dialogischen Lehrens und Lernens*. Bad Heilbrunn: Klinkhardt.

Brinker, K. & Sager, S.F. (2001). *Linguistische Gesprächsanalyse: Eine Einführung* (3. durchgesehene und ergänzte Auflage). Berlin: Schmidt.

Brüning, L. & Saum, T. (2006). *Erfolgreich unterrichten durch Kooperatives Lernen. Strategien zur Schüleraktivierung*. Essen: Neue Deutsche Verlagsgesellschaft.

Claussen, C. (Hrsg.) (1995). *Handbuch Freie Arbeit – Konzepte und Erfahrungen*. Weinheim: Beltz.

Dewey, J. (1916). *Demokratie und Erziehung*. Braunschweig: Westermann.

Dewey, J. & Kilpatrick, W.H. (1935). *Der Projektplan*. Weimar: Böhlhaus.

Duncker, L. & Götz, B. (1984). *Projektunterricht als Beitrag zur inneren Schulreform*. Langenau-Ulm: Vaas.

Einsiedler, W. (1981). *Lehrmethoden. Probleme und Ergebnisse der Lehrmethodenforschung.* München: Urban & Schwarzenberg.

Frey, K. (1993). *Die Projektmethode* (5. überarbeitete und erweiterte Aufl.). Weinheim: Beltz.

Frey, K. (2006). Die Projektmethode. In J. Wiechmann (Hrsg.), *Zwölf Unterrichtsmethoden – Vielfalt für die Praxis* (S. 155-162). Weinheim: Beltz.

Fuhrmann, E. (1998). Unterrichtsverfahren im Frontalunterricht. Vom gelenkten Gespräch zum darbietenden Unterricht. Ein Überblick. *Pädagogik*, 50 (5), 9-12.

Gerve, F. (1998). *Freie Arbeit. Grundkurs für die Aus- und Fortbildung.* Weiheim: Beltz.

Gieth van der, J. (1999). *Lernzirkel. Die neue Form des Unterrichtens.* Kempen: Buchverlag.

Green, K. & Green, N. (2005). *Kooperatives Lernen im Klassenraum und im Kollegium. Das Trainingsbuch.* Seelze: Kallmeyer.

Gudjons, H. (1993). Gruppenunterricht. In H. Gudjons (Hrsg.), *Lehrer – Schüler – Unterricht. Handbuch für den Schulalltag* (S. 1-22). Stuttgart: Raabe.

Gudjons, H. (1995). *Pädagogisches Grundwissen* (4. überarbeitete und erweiterte Aufl.). Bad Heilbrunn: Klinkhardt.

Gudjons, H. (1998). Frontalunterricht – Gut gemacht. Come-Back des „Beybringens"? *Pädagogik*, 50 (5), 6-8.

Gudjons, H. (2000). Kleine Schritte sind kein Verrat am Ziel. Über hinführende Formen zu Freier Arbeit und Projektunterricht. *Pädagogik.* 52 (11), 6-9.

Gudjons, H. (2003). Gruppenunterricht. Eine Einführung in Grundfragen. In H. Gudjons (Hrsg.), *Handbuch Gruppenunterricht* (S. 10-40) (2. Aufl.). Weinheim: Beltz..

Gudjons, H. (2004). Unterrichtsmethoden im Wandel. *Pädagogik.* 56 (1), 7-10.

Gudjons, H. (2007). *Frontalunterricht – neu entdeckt. Integration in offene Unterrichtsformen* (2. durchgesehene Aufl.). Bad Heilbrunn: Klinkhardt.

Haag, L. (2005). Gruppenmethoden und Gruppenarbeit. *Pädagogik.* 57 (3), 26-30.

Hage, K. et al (1985). *Das Methodenrepertoire von Lehrern. Eine Untersuchung zum Schulalltag der Sekundarstufe I.* Opladen: Leske & Budrich.

Hänsel, D. & Müller, H. (1988). *Das Projektbuch Sekundarstufe.* Weinheim: Beltz.

Hegele, I. (1997). *Lernziel: Stationenarbeit. Eine neue Form des offenen Unterrichts.* Weinheim: Beltz.

Hegele, I. (1998). Stationenarbeit. Ein Einstieg in den offenen Unterricht. In J. Wiechmann (Hrsg.), *Zwölf Unterrichtsmethoden – Vielfalt für die Praxis* (S. 58-71). Weinheim: Beltz.

Heymann, H.W. (1998). Methoden des Lernens – Methoden der Fächer. *Pädagogik*, 50 (3), 7/8.

Horst, U. & Ohly, K.P. (2001). *Lernbox. Lernmethoden – Arbeitstechniken* (2. Aufl.). Seelze: Friedrich.

Hugenschmidt, B. & Technau, A. (2005). *Methoden schnell zur Hand. 66 schüler- und handlungsorientierte Unterichtsmethoden.* Leipzig: Klett.

Knoll, M. (1993). Die Projektmethode. Ihre Entstehung und Rezeption. *Pädagogik und Schulalltag*, 48, 338-441.

Klingberg, L. (1982). *Einführung in die Allgemeine Didaktik. Vorlesungen* (5., überarbeite Aufl.). Berlin: Volk und Wissen.

Klippert, H. (2007). *Methoden-Training. Übungsbausteine für den Unterricht* (17. Aufl.). Weinheim: Beltz.

Kluge, F. (2002). *Etymologisches Wörterbuch der deutschen Sprache* (24., erweiterte Aufl.). Berlin, New York: De Gruyter.

Krebs, H. & Faust-Siehl, G. (Hrsg.) (1993). *Lernzirkel im Unterricht der Grundschule.* Freiburg: Grundschulverband - Arbeitskreis Grundschule.

Mattes, W. (2002). *Methoden für den Unterricht: 75 kompakte Übersichten für Lehrende und Lernende.* Paderborn: Schöningh.

Metzmacher, H. (2006). Stationenlernen & Co. In A. Fritz et al. (Hrsg.), *Handbuch Kindheit und Schule. Neue Kindheit, neues Lernen, neuer Unterricht.* Weinheim: Beltz, 241-250.

Meyer, H. (1987). *Unterrichtsmethoden 1: Theorieband.* Frankfurt am Main: Cornelsen.

Meyer, H. (1987a). *Unterrichtsmethoden 2: Praxisband.* Frankfurt am Main: Cornelsen.

Meyer, H. (2003). Gruppenunterricht – Ratschläge zur Unterrichtsgestaltung. In H. Gudjons (Hrsg.), *Handbuch Gruppenunterricht* (S. 146-162) (2. Aufl.). Weinheim: Beltz. 146-162.

Meyer, H. (2004). Was sind Unterrichtsmethoden? *Pädagogik*, 56 (1), 12-15.

Meyer, H., Pfiffner, M. & Walter, C. (2007). Variabel unterrichten. Was wissen wir über die Wirksamkeit von Methoden? *Pädagogik*, 59 (10). 44-49.

Nürnberger Projektgruppe (2001). *Erfolgreicher Gruppenunterricht. Praktische Anregungen für den Schulalltag.* Leipzig: Klett.

Nuhn, H.E. (2000). Die Sozialformen des Unterrichts. *Pädagogik*, 52 (2), 10-13.

Peterßen, W.H. (1999). *Kleines Methoden-Lexikon* (2., aktualisierte Aufl.). München: Oldenbourg.

Prior, H. (1985). Sozialformen des Unterrichts. In D. Lenzen (Hrsg.), *Enzyklopädie Erziehungswissenschaft. Bd. 4: Methoden und Medien* (S. 143-159). Stuttgart: Klett.

Orth, P. (2000). Gesprächsformen im Unterricht. *Pädagogik*, 52 (2), 14-17.

Terhart, E. (1989). *Lehr-Lern-Methoden* (3., Aufl.). Weinheim, München: Juventa.

Terhart, E. (2000). Dimensionen des Methodenproblems im Unterricht. *Pädagogik*, 52 (2), 32-34.

Thiele, H. (1981). *Lehren und Lehren im Gespräch*. Bad Heilbrunn: Klinkhardt.

Traub, S. (2000). *Schrittweise zur erfolgreichen Freiarbeit: Ein Arbeitsbuch für Lehrende und Studierende*. Bad Heilbrunn: Klinkhardt.

Schulz, W. (1965). Unterricht – Analyse und Planung. In P. Heimann et al. (Hrsg.), *Unterricht – Analyse und Planung*. Hannover: Schroedel.

Schulze, T. (1978). *Methoden und Medien der Erziehung*. München: Juventa.

Seitz, O. (1999). *Freies Lernen. Grundlagen für die Praxis*. Donauwörth: Auer.

Vollstädt, W. (2000). Viele Methoden oder Methodenvielfalt. *Pädagogik*, (52) 2, 6-9.

Wallrabenstein, W. (1991). *Offene Schule – Offener Unterricht. Ratgeber für Eltern und Lehrer*. Hamburg: Reinbek.

Winkel, R. (1978): Zur Theorie und Praxis der Unterrichtsmethoden. *Die deutsche Schule*, 70, 669-683.

Wiechmann, J. (2006). Unterrichtsmethoden. Vom Nutzen der Vielfalt. In J. Wiechmann (Hrsg.), *Zwölf Unterrichtsmethoden. Vielfalt für die Praxis*. Weinheim: Beltz. 9-19.

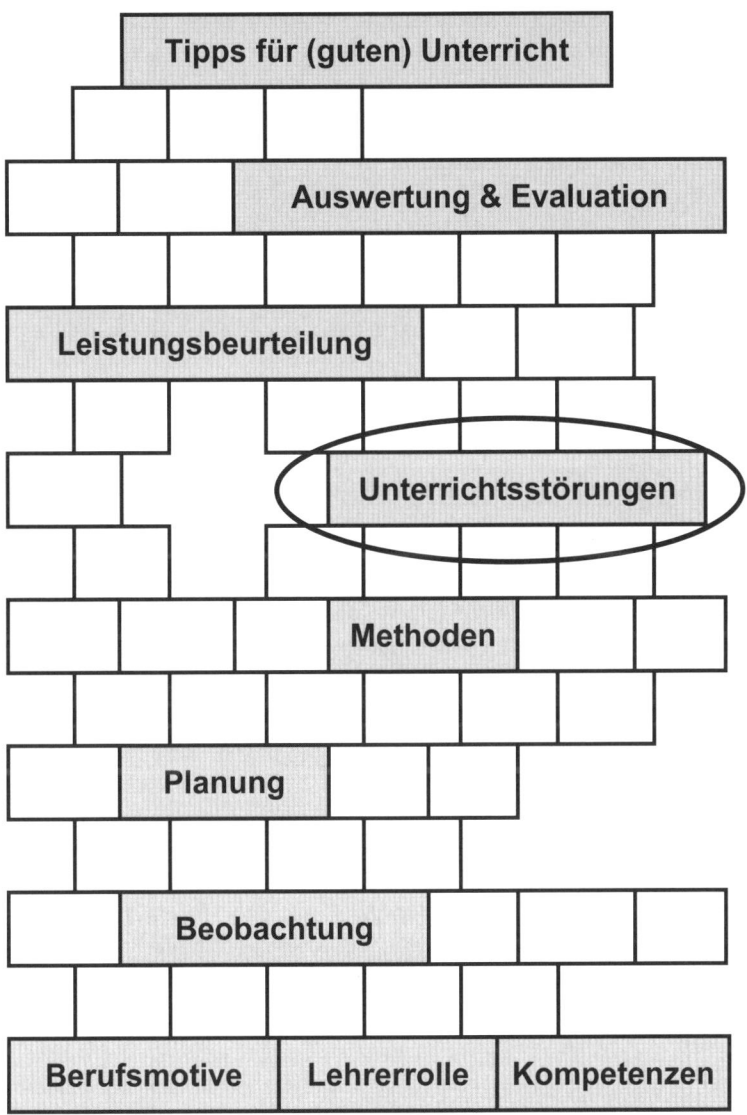

6. Unterrichtsstörungen begegnen & verhindern

Unterrichtsstörungen gehören zum schulischen Alltag und stellen für viele Lehrkräfte an den Schulen zum Teil die größte Belastungsquelle dar. Im folgenden Kapitel werden nach einer Klärung des Begriffes (1) zunächst verschiedene Formen von Unterrichtsstörungen dargestellt (2). In einem nächsten Schritt wird diskutiert, welche Möglichkeiten der Lehrer hat auf die Störungen zu reagieren (3). Wichtiger erscheint allerdings die Prävention von Unterrichtsstörungen. Daher werden im Anschluss Möglichkeiten erörtert, wie sich Unterrichtsstörungen vermeiden lassen (4).

6.1 Was ist eine Unterrichtsstörung?

Eine geeignete Definition zum Begriff der Unterrichtsstörung lässt sich nicht ohne weiteres formulieren. Zu komplex und vielschichtig erscheint das Phänomen der Störungen des Schulunterrichts. Unstrittig ist die Tatsache, dass eine Störung eine individuelle Bewertung einer Situation darstellt. Das heißt, von einer Störung kann nur dann gesprochen werden, wenn sich jemand gestört fühlt. Dazu ein Beispiel aus der Praxis:

> *Geschichtskurs, Stufe 11. Der Kurs hat einen Text gelesen und Lehrer K. bittet darum, dass jemand die Hauptaussagen des Textes darstellt. Während Lehrer K. Meldungen des Kurses abwartet bemerkt er, dass Bernd seinem Nachbarn Joachim etwas ins Ohr flüstert. Er sieht, dass Peter in seiner Tasche kramt und Beate sich etwas in den Mund schiebt, offensichtlich ein Bananenstück. Das Joachim Bernd etwas zurückflüstert nimmt er ebenfalls wahr. Nun hört Lehrer K. leise aber deutlich einen Rasenmäher durch das offene Fenster ...*

Die Szene verdeutlicht, wie vielschichtig Störungen im Unterricht sein können; vor allem, wenn man bedenkt, dass der Lehrer sicherlich gar nicht alle möglichen Störungen registriert hat.

Eine Störung wird allerdings erst dann zu einer Störung, wenn diese als solche empfunden wird (eventuell ist Herr K. relativ unempfindlich für Geräusche und ignoriert sowohl das Flüstern von Bernd und Joachim als auch das Rasenmähergeräusch). Das bedeutet, dass alle Verhaltensweisen der Schüler, die der Befriedigung der Bedürfnisse des Lehrers im Wege stehen oder den Lehrer veranlassen sich besorgt, irritiert oder ärgerlich zu fühlen eine Störung des Unterrichts darstellen (Gordon, 1994). In einem solchen Begriffsverständnis wird deutlich, dass im Verständnis vieler Publikationen Unterrichtsstörungen von Schülern ausgehen. Gleichwohl kann der Unterricht genauso von dem Lehrer gestört werden (vgl. Kap. 6.4). Dann würde das Lehrerverhalten von den Schülern als störend empfunden werden und sie würden ihrerseits mit einem bestimmten Verhalten reagieren.

Eine weit verbreitete Meinung ist beispielsweise, dass interessanter Unterricht unter strenger Leitung Unterrichtsstörungen verhindere. Dass ein solcher Kausalzusammenhang zu kurz greift, zeigt Nolting (2002).

Die Literaturlage zum Thema Unterrichtsstörungen ist mittlerweile kaum zu überblicken (vgl. z.B. Benikowski, 1995; Biller, 1981; Braun & Schmischke, 2006; Göppel, 2007, Hillenbrand, 2003; 2006; Keller, 2008; Laning & Siemens, 2004; Molnar & Lindquist, 2006; Pfitzner, 2000; Schäfer, 2006; Winkel, 1996). Viele Lehrbücher zum Thema Unterrichtsstörungen gehen von der Lehrperson aus und setzen beim Lehrerverhalten an. Dieser Logik folgt auch dieses Kapitel. Aus diesem Verständnis heraus definiert Lohmann (2003, S. 12) den Begriff der Unterrichtsstörung allgemein folgendermaßen:

> **„Unterrichtsstörungen** sind Ereignisse, die den Lehr-Lernprozess beeinträchtigen unterbrechen oder unmöglich machen, indem sie die Voraussetzungen, unter denen Lehren und Lernen erst stattfinden kann, teilweise oder ganz außer Kraft setzen."

Das negiert allerdings nicht die eingangs erwähnte subjektive Bewertung der Situation. Was für den einen Lehrer bereits eine Störung darstellt, wird von einem anderen Lehrer als ‚normal' bewertet oder eventuell gar nicht wahrgenommen. Bestimmte Verhaltensweisen oder Geschehnisse werden dagegen aber zweifellos von nahezu jedem Lehrer als eine Unterrichtsstörung wahrgenommen und bewertet. Betrachten wir den weiteren Verlauf des eingangs skizzierten Beispiels:

Das Rasenmähergeräusch wird immer lauter, da die Rasenflächen der Schule an diesem Morgen gemäht werden.
Beate hat mittlerweile ihre Banane aufgegessen und versucht die Bananenschale in den Mülleimer zu werfen; verfehlt diesen aber knapp...

Es ist klar, dass die meisten Lehrer auf solche Verhaltensweisen der Schüler reagieren würden. Grundsätzlich gilt, dass nach Winkel (2005) eine Unterrichtsstörung dann vorliegt, wenn der Unterricht gestört ist, d.h. wenn das Lehren und Lernen stockt, aufhört, unerträglich oder inhuman wird. Im Umkehrschluss würde das bedeuten, dass ein Beobachter Störungen des Unterrichts leicht erkennen kann, nämlich immer dann, wenn der Unterricht stockt und der Lehrer mit seinem Verhalten auf diese Störung eingeht.

Ganz so leicht ist die Schulwirklichkeit allerdings nicht zu durchschauen, da es durchaus denkbar ist, dass Lehrkräfte nicht auf Unterrichtsstörungen reagieren, obwohl sie diese wahrnehmen und sich sehr wohl gestört fühlen. Die Gründe für ein solches Verhalten können unterschiedlich sein. Eventuell möchte der Lehrer keine Zeit verlieren, da er sein Unterrichtsziel erreichen möchte oder er hält das Ignorieren in dieser Situation für das beste Erziehungsmittel.

Denkbar ist ebenfalls, dass der betreffende Lehrer ein Stück weit resigniert hat und in diesem Moment keine Kraft hat, dieser Unterrichtsstörung zu begegnen.

Wenn im weiteren Verlauf dieses Kapitels von Unterrichtsstörungen die Rede ist, dann sind damit weniger aggressive bzw. gewalttätige Verhaltensweisen von Schülern gemeint (vgl. zur Einführung z.B. Holtappels, 2001; Nolting, 1997; Olweus, 2006), sondern eher die ‚kleinen' alltäglichen Vorkommnisse. Welche Arten von solchen ‚kleineren' Unterrichtsstörungen gibt es?

6.2 Arten von Unterrichtsstörungen

Es gibt verschiedene Arten von Unterrichtsstörungen, die im Unterrichtsalltag eine unterschiedlich große Rolle spielen. Allgemein lassen sich aus Lehrersicht vereinfacht zwei Arten von Unterrichtsstörungen voneinander unterscheiden:

- Strukturelle und äußere Störungen.
- Störungen aufgrund von Verhaltensweisen des Schülers.

Strukturelle Störungen können etwa ein unerwarteter Raumwechsel oder unvollständige Klassen aufgrund von Schulveranstaltungen sein. Das im Beispiel erwähnte Rasenmähergeräusch wäre eine äußere Störung. Solche Unterrichtsstörungen treten eher selten auf und sind von der Lehrkraft selten zu verändern.

Bedeutsamer sind Störungen, die durch *Verhaltensweisen einzelner Schüler* auftreten. In der nachfolgenden Tabelle werden mögliche Unterrichtsstörungen durch Schüler aufgelistet (vgl. auch Becker, 2006). Eine solche Liste kann weder alle denkbaren Unterrichtsstörungen enthalten, noch sind die einzelnen Formen völlig trennscharf voneinander formuliert.

Tab. 6.1. *Mögliche Unterrichtsstörungen durch Schüler.*

- Zwischenrufe,
- nicht unterrichtsrelevante Gespräche,
- Körpergeräusche,
- Geräusche mit Gegenständen,
- Drohungen,
- Dinge von Mitschülern oder der Schule zerstören,
- durch die Klasse gehen,
- etwas durch die Klasse werfen,
- Handy benutzen,
- etwas heimlich spielen,
- streiten, ärgern, handgreiflich werden,
- Arbeitsverweigerung,
- ungefragt rausgehen,
- Witze machen,
- Grimassen und Gesten,
- Briefchen schreiben,
- etwas laut vorsagen,
- mit dem Stuhl kippeln,
- zu spät kommen,
- störend essen/trinken,
- lautes Singen, Lachen,
- ...

Im folgenden Kapitel wird vor allem auf Störungen durch die Schüler eingegangen und einige Handlungsmöglichkeiten der Lehrer vorgestellt.

6.3 Unterrichtsstörungen begegnen

Störungen des Unterrichts durch die Schüler lassen sich nie ganz verhindern. Um Unterrichtsstörungen professionell zu begegnen rückt zunächst die Frage in den Mittelpunkt, warum verhält sich der Schüler so, wie er sich verhält. Betrachten wir dazu nochmals das bereits erwähnte Beispiel und gehen der Frage nach, warum Beate im Unterricht eine Banane isst?

Zur Beantwortung dieser Frage sind allerdings weitere Informationen notwendig. Zunächst einmal ist zu klären, ob in dem Kurs bzw. an der Schule ein Regelwerk existiert, was den Verzehr von Essen während des Unterrichts verbietet. In der Regel ist das so. Viele Schulen haben z.B. eine Schulordnung, in der solche Dinge geregelt werden. Darüber hinaus ist wichtig zu wissen, was Beate für eine Schülerin bzw. für ein Mensch ist. Stört Beate häufig den Unterricht? Wie kommt Beate in der Schule klar? Wie ist ihr Verhältnis zu den Mitschülern? Aus welchem familiären Umfeld kommt Beate?

So ist etwa denkbar, dass Lehrer K. weiß, dass Beate vor der Schule Zeitungen austrägt und häufig keine Zeit mehr für ein zweites Frühstück hat. Ein solches Vorwissen des Lehrers beeinflusst die Bewertung des Schülerverhaltens durch den Lehrer und hat Auswirkungen auf die Reaktion bzw. den Umgang mit der Unterrichtsstörung. Des Weiteren ist bedeutsam, welches Verhältnis Beate zu ihrem Lehrer hat und umgekehrt.

Bei diesen Fragen darf allerdings nicht vergessen werden, dass im Unterrichtsverlauf so viele Verhaltensweisen der Schüler durch den Lehrer bewertet werden, dass es unmöglich ist, alle relevanten Aspekte zu berücksichtigen. Handlungsentscheidungen werden mitunter in wenigen Sekunden vollzogen. Gleichwohl sind die Kenntnisse, aus welchen Gründen ein Schüler den Unterricht stört für eine professionelle Unterrichtsgestaltung unumgänglich. Mögliche Gründe listet Ritter (2008) auf.

Danach kann eine Störung gesehen werden,

- als eine Art Kontaktaufnahme.
- als Aggressionsabbau.
- als Ausdruck tiefer Verunsicherung.
- als Provokation und echte Machtprobe.
- als Ausdruck von Langeweile.
- als Zeichen inhaltlicher Überforderung.
- als Versuch den eigenen Status in der Klasse zu verbessern bzw. als Imponiergehabe.
- ...

Die Liste lässt sich mit Sicherheit noch erweitern. Dreikurs, Grunwald & Pepper (2007) fassen die unterschiedlichen Störungsgründe zu vier übergeordneten Zielen des unerwünschten Verhaltens zusammen (Aufmerksamkeit, Macht, Rache, Unfähigkeit).

Obgleich es unmöglich ist, immer zu wissen welche Gründe für ein Schülerverhalten, welches der Lehrer als Unterrichtsstörung empfindet, tatsächlich vorliegen, beeinflusst die Bewertung des Lehrers entscheidend die Reaktion und den Umgang mit diesen Störungen. Wie sollte man als Lehrer am besten mit Störung umgehen? Der Lehrkraft steht ein ganzes Maßnahmenbündel zur Verfügung:

- Ermahnung des Schülers („Fritz, hör auf zu reden").
- Drannehmen des Schülers, der stört.
- Strafenandrohung („Felix, wenn du noch einmal störst, dann schreibst du ein Stundenprotokoll").
- Ignorieren der Störung.
- „Störer" Nachsitzen lassen.
- Die Streitschlichter der Schule einschalten.
- Benachrichtigung der Eltern.
- Eintrag in das Klassenbuch, etc.
- ...

Einige Lehrer benutzen regelgerechte Systeme, um den alltäglichen Unterrichtsstörungen zu begegnen. So schreiben einige

Lehrkräfte auf eine Tafelseite den Namen der Schüler an, die den Unterricht stören. Stört der Schüler erneut, so wird der Name unterstrichen. Der Schüler bekommt eine Strafe, die allerdings den Schülern vorher bekannt sein sollte.[22]

Der Nachteil solcher Systeme liegt in dem hohen Zeitaufwand, denn jede Interventionsmaßnahme ist zu-gleich selbst eine Störung. Solche Störungen des Unterrichtsflusses sollten nicht größer sein, als die eigentliche Störung. Manchmal ist es besser, auf Störungen non-verbal, quasi nebenbei, zu reagieren oder die Störung zu ignorieren.

Manche Störungen sind allerdings so schwerwiegend, dass der Lehrer sie nicht ignorieren kann (das Essen im Unterricht gehört sicherlich dazu) bzw. sich emotional selbst angegriffen fühlt (z.B. wenn ein Schüler trotz mehrfacher Intervention erneut einfach in die Klasse ruft). Bei solchen Störungen muss der Lehrer intervenieren. Grundsätzlich muss dabei zwischen pädagogischer Einwirkung und den Ordnungsmaßnahmen unterschieden werden[23].

Nolting (2002) unterscheidet zwischen *Akut-* und *Konfliktlösungen*. Akutlösungen sorgen unter anderem dafür, dass der Unterricht wieder in Gang kommt. Häufig lösen sie allerdings einen tieferliegenden Konflikt dadurch nicht. Es ist dann wahrscheinlich, dass das störende Schülerverhalten bald erneut auftritt.

Konfliktlösungen sind immer auch als Prävention zu verstehen (vgl. Kap. 6.4). Bei den Akutlösungen lassen sich folgende Empfehlungen aussprechen (Gordon, 1994; Lohmann, 2003; Ritter, 2008):

---

[22] Eine besondere Form eines solchen systematischen Umgangs mit Unterrichtsstörungen ist die so genannte Trainingsraum-Methode (siehe genauer Bründel & Simon, 2003; Balke, 2003).

[23] Unter pädagogischer Einwirkung sind alle die Maßnahmen zusammengefasst, die der einzelne Lehrer zumeist direkt im Unterricht anwenden kann. Ordnungsmaßnahmen sind weitergehende Maßnahmen, die nur durch Schulleitung bzw. bestimmte Konferenzarten ergriffen werden dürfen. Diese reichen vom schriftlichen Verweis, bis hin zum Verweis von der Schule.

- negative Emotionen vermeiden (Stopptechniken[24] nutzen).
- sich gedanklich vergewissern, ob der störende Einfluss der Intervention nicht größer ist als die Störung selbst.
- immer konsequent intervenieren, d.h. keine Ausnahmen machen, keine Diskussion über vorher festgelegte Regeln zulassen.
- Ich-Botschaften senden („Wenn du so laut bist, fühle ich mich gestört").
- keinen Schüler vor der Klasse bloßstellen.
- niemals Dinge androhen, die nicht auch tatsächlich umgesetzt werden können.
- nicht erpressen („Wenn ihr jetzt nicht leiser seid, dann gibt es viel mehr Hausaufgaben").
- wenn bestraft wird, dann nur solche Strafen, die vorher mit der Klasse abgesprochen sind (Kap. 6.4).
- schnell handeln und zügig den Unterricht wieder aufnehmen.

Die letzte Empfehlung verweist darauf, dass diese Liste vor allem für die ‚alltäglichen' kleineren Unterrichtsstörungen zu verwenden ist. Zuweilen wird es im Unterricht aber auch Störungen bzw. Konflikte geben, die einer umfassenderen Intervention bedürfen. Lohmann (2003) verweist darauf, dass es auch bei größeren Konflikten ratsam ist, das Problem zu verschieben (z.B. auf die Pause). Das verschafft zum einen dem Lehrer Zeit, in Ruhe über die Verhaltensweisen nachzudenken. Zum anderen haben sich die ‚Gemüter' aller Beteiligten eventuell wieder etwas beruhigt. Außerdem kann der Unterricht schnell wieder aufgenommen werden.

---

[24] Mögliche Stopptechniken sind z.B. tiefes Luftholen, bis drei Zählen, einen Punkt im Raum anvisieren, etc.

Eventuell ist der Konflikt aber so gravierend (z.B. bei aggressivem Verhalten), dass der Lehrer gezwungen ist, einzelne Schüler aus dem Unterricht zu entfernen, damit der Unterricht weiter laufen kann. Die bereits erwähnte Trainingsraum-Methode ist eine Variante von so genannten Auszeit-Modellen.

Gleichwohl stellt eine solche Auszeit in der Regel noch keine Konfliktlösung dar. Gordon (1994) erläutert Wege, um Konflikte kooperativ zu lösen.

Egal ob größerer Konflikt oder eher harmlose Unterrichtsstörung, es empfiehlt sich in jedem Fall die Durchführung einer Störungsanalyse. Eine Hilfe zur Durchführung einer Störungsanalyse findet sich bei Ritter (2008) (vgl. Tabelle 6.1.):

Tab. 6.1. *Reflexionsbogen für eine Störanalyse.*

Fragestellung	Beobachtung, Ergebnis, neue Fragen
Was ist passiert? Möglichst präzise Beschreibung der Störung ohne Wertung oder Vorgeschichte.	
Wer war alles beteiligt? Möglichst alle Verhaltensweisen (Sprache, Verhalten, Körpersprache, etc.), eventuell eine Skizze anfertigen.	
Welche Gründe hatte das Verhalten Einzelner? Erkennbare Ursachen benennen, wenn möglich den drei Ebenen Beziehung, Disziplin-Management oder Unterricht zuordnen.	
Welchen ‚heimlichen Sinn' könnte das Verhalten einzelner Beteiligter haben? Welche Funktion für ihn oder die Gruppe?	
Wie ging es Ihnen in der Situation, wie war die emotionale Reaktion auf das Geschehen? Waren Sie wütend, innerlich erregt, verunsichert, ängstlich, etc.? Haben Sie Gefühle gezeigt?	
Welche Folgen hat das Verhalten bzw. die Störung aus Ihrer Sicht für die Beteiligten, für Sie als Lehrer und für die ganz Gruppe?	

6.4 Unterrichtsstörungen verhindern

Im Idealfall verhindert man Unterrichtsstörungen, bevor Sie entstehen. In diesem Zusammenhang wird häufig auf die Untersuchungen von Kounin (1976) und auf die Bedeutung der Klassenführung hingewiesen.

Classroom-Management

Kounin und seine Mitarbeiter stellten fest, dass die Art und Weise, wie die Lehrer mit Unterrichtsstörungen umgehen wenig mit dem tatsächlichen Erfolg der Interventionsmaßnahme zusammenhängt. Umso wichtiger werden effektive Präventionsmaßnahmen. Kounin stellte bei seinen Untersuchungen fest, dass gute Mitarbeit der Schüler und geringes Fehlverhalten sehr stark von der Art der Unterrichtsführung durch den Lehrer bzw. seinem *Classroom-Management* abhing. Kounin sah vor allem vier Merkmale einer effizienten Klassenführung:

- Allgegenwart und Überlappung.
- Reibungslosigkeit und Schwung.
- Aufrechterhaltung des Gruppenfokus.
- Überdrussvermeidung.

Dies bedeutet im Einzelnen, dass ein Lehrer zunächst in der Lage sein sollte, mehrere Sachverhalte gleichzeitig wahrzunehmen, und zwar in einer Form, die den Schülern zeigt, dass er dazu in der Lage ist und angemessen reagieren kann. Ein Lehrer reagiert im Sinne der *Allgegenwart* wirksam, wenn es ihm gelingt, durch geschickte Verbindung von sprachlicher Beeinflussung und gestisch-mimischem Verhalten auf zwei Sachverhalte annähernd gleichzeitig einzugehen (*Prinzip der Überlappung*). Wichtig ist vor allem, den Unterricht nicht abrupt zu unterbrechen, wenn ein verhaltensbezogener Hinweis gegeben werden soll. Der Unterricht muss Hauptsache bleiben, der Hinweis soll beiläufig erfolgen.

Für die erfolgreiche Steuerung von Unterricht kommt es nach Kounin weiterhin darauf an, *Reibungslosigkeit* und *Schwung* aufrechtzuerhalten, mithin Sprunghaftigkeit und Verzögerungen zu vermeiden. Ursachen für Tempoverluste sind beispielsweise: Ablenkbarkeit und Reizabhängigkeit, thematische Unentschlossenheit und Inkonsequenz, Überproblematisierung von Benehmen, etc.. Lernprozesse sollten demnach über ein hohes Maß an Klarheit und Strukturiertheit verfügen (vgl. dazu Helmke, 2007).

Stets sollten darüber hinaus möglichst viele Mitglieder einer Gruppe aktiviert werden. Anzustreben ist auch die Anbahnung von Interaktionen (*Aufrechterhaltung des Gruppenfokus*). Segelken sieht (2008) in diesem Merkmal einen entscheidenden Schlüssel für einen weitestgehend störungsfreien Unterricht. Je weniger Schüler mitarbeiten, desto größer wird die Wahrscheinlichkeit, dass ein Schüler den Unterricht stört.

Außerdem sollte im Rahmen des Möglichen der Unterricht einen hohen Aufforderungscharakter haben, also anregend und abwechslungsreich sein; generell sollte er das Gefühl vermitteln, dass Fortschritte erzielt worden sind (*Prinzip der Überdrussvermeidung*).

Die Arbeiten von Kounin werden bis heute in der Fachliteratur und Lehrerfortbildung aufgegriffen. Nach Eikenbusch (2009, S. 8) geht es nun vor allem um Lehrertrainings und Strategien zum Aufbau des richtigen Lehrerverhaltens (vgl. z.B. Aich, 2006; Nolting, 2006; Redlich, 2004; Tomann, 2007; Walker, 1995). Einschränkend weist Eikenbusch aber daraufhin (2009, S. 7), dass die Arbeit von Kounin sich vor allem auf die geschlossene Unterrichtssituation bezieht. Neuere kooperative Lernformen sind darin nicht enthalten.

Kounins Untersuchung lässt aber in jedem Fall den Schluss zu, dass die Interventionsart des Lehrers Auswirkungen auf das Klassen- bzw. Unterrichtsklima hat. Dieses wiederum entscheidet darüber, wie wohl sich die einzelnen Schüler in der Klasse fühlen und wie sehr sie bereit sind, der Lehrkraft zu folgen.

Klassenklima

Das Klassenklima[25] ist ein schwer fassbarer Begriff. Eder definiert (2001, S. 578) für die Schule Klima „als die von den Betroffenen wahrgenommene Konfiguration bedeutsamer Merkmale innerhalb der jeweiligen schulischen Umwelt".
Das Klima innerhalb einer Schulklasse oder eines Kurses entsteht durch einen dynamischen Prozess, der von sehr vielen Einflüssen abhängig ist (z.B. Lehrperson, Raumgestaltung, Motivation und Wünsche der Schüler, Schulumfeld, Eltern, etc.). Nach Eder (ebd.) gibt es vier Faktoren, welche die Qualität des Klassenklimas beeinflussen:

- Lehrer-Schüler-Beziehung.
- Qualität des Unterrichts.
- Beziehung der Schüler untereinander.
- Lernhaltungen der Schüler.

Obwohl diese Faktoren in einer Abhängigkeit zueinander stehen, hat der unterrichtende Lehrer insbesondere auf die ersten beiden Faktoren Einfluss (zur Qualität des Unterrichts siehe Kapitel 9).
Bezüglich des Lehrer-Schüler-Verhältnisses entwickelten Bülter & Meyer (2004) ein Modell, welches die Bedingungen eines guten Klassenklimas darstellt bzw. durch das ein lernförderliches Klima entstehen kann. Dazu müssen nach den Autoren (ebd.) die folgenden drei Voraussetzungen erfüllt sein:

- Die *Selbstachtung* des Lehrers. Das bedeutet beispielsweise, dass der Lehrer positiv zu sich selbst steht, aber sich auch selbstkritisch hinterfragt.
- Der *wechselseitige Respekt*. Das bedeutet, dass der Lehrer auf der einen Seite bereit ist den Schülern Wertschätzung entgegenzubringen. Auf der anderen Seite sollten die Schüler dem Lehrer ebenfalls Respekt entgegenbringen.

---

[25] Der Begriff *Klassenklima* wird hier, wie auch in vielen Publikationen, mit dem Begriff des *Unterrichtsklimas* synonym verwandt.

Sowohl Lehrer als auch Schüler sollten auf die Bedürfnisse des anderen Rücksicht nehmen.

• Echte *Kooperationsbereitschaft.*

Auf der Grundlage dieser Voraussetzungen besitzt ein lernförderliches Klima insgesamt sieben Kennzeichen (ebd.):

• Vertrauen.
• Verlässlich eingehaltene Regeln.
• Geteilte Verantwortung.
• Gerechtigkeit.
• Fürsorge.
• Begeisterung.
• Humor.

Nach Bülter & Meyer (ebd.) ergänzen und stabilisieren sich diese sieben Kennzeichen gegenseitig (vgl. auch Meyer, Pfiffner & Walter, 2007). Die Forderung nach verlässlichen Regeln kann dabei als Ausgangspunkt für die Verbesserung des Klassenklimas angesehen werden.

Klassenregeln

Regeln (lateinisch: Richtschnur) sind allgemein Erwartungen an das Verhalten in bestimmten Situationen. Klassenregeln sind Regeln, die für eine bestimmte Klasse gelten, sie setzen andere in der Schule geltende Regeln (z.B. Schulordnung, Verhalten bei Feueralarm) nicht außer Kraft. Dazu ein Blick in die Schulpraxis.

Lehrer K. hat die 9d in Deutsch neu übernommen. In der ersten Stunde betritt K. gespannt den Klassenraum der 9d. Als er in die Klasse kommt, gehen die Schüler auf ihre Plätze, alle stehen auf. Lehrer K. legt seine Tasche auf das Pult und wünscht der Klasse einen guten Morgen. Die Schüler setzen sich. Herr K. geht zur Tafel, schreibt seinen Namen an die Tafel und stellt sich der Klasse vor: „Mein Name ist K. und ich bin euer neuer Deutschlehrer. Mich würde nun zuerst interessieren, was ihr im letzten Schuljahr in Deutsch durchgenommen habt." Nun passiert vieles gleichzeitig:

Drei Schüler melden sich, ein Schüler ruft in die Klasse, dass sie viele Gedichte besprochen hätten. In der hinteren Reihe fangen zwei Schüler an ihre Deutschbücher und Hefte aus den Taschen zu holen. Ein Schüler aus der zweiten Reihe steht auf und bringt etwas zum Papierkorb...

Es ist offensichtlich, dass einige Verhaltsregeln hier hilfreich oder gar notwendig sind (z.B. wäre zu regeln, zu welchem Zweck man von seinem Platz aufstehen darf).

Die Aufstellung von Klassenregeln obliegt zumeist dem Klassenlehrer. Das bedeutet, dass ein Fachlehrer, der eine Klasse neu übernimmt, sich zunächst erkundigen sollte, ob Klassenregeln vorhanden sind. Idealerweise werden die Klassenregeln, z.B. als Plakat, in der Klasse an der Wand befestigt. Das hat den Vorteil, dass allen unterrichtenden Lehrern die Klassenregeln bekannt sind. In Anlehnung an Lohmann (2003) und Nolting (2002) lassen sich folgende Grundsätze für die Einführung von Regeln aufstellen:

127

- So wenig Regeln wie möglich. Lohmann (2003) schlägt vor, nicht mehr als sieben Regeln aufzulisten.
- Die Regeln so einsichtig wie möglich formulieren. Das heißt möglichst kurze und prägnante Sätze.
- Die Formulierung der Regeln so positiv wie möglich wählen. Das heißt nach Möglichkeit nicht als Gebot, ohne ‚nicht' oder ‚kein'.
- Die Regeln müssen durchsetzbar sein, dass heißt ohne großen Aufwand kontrollierbar sein.
- Die Regeln verbindlich formulieren, das heißt nicht als „Wir wollen uns nicht unterbrechen", sondern „Ich höre anderen zu.".
- Die Klassenregeln sind mit der Klasse zusammen festzulegen. Hierzu stellt Lohmann (2003, S. 120ff.) verschiedene Varianten vor.
- Die Klassenregeln müssen deutlich machen, was passiert, wenn einzelne nicht befolgt werden.

Der letzte Punkt kann eventuell mit einer so genannten *Eskalationsleiter* gekoppelt werden. In Anlehnung an Lohmann (2003) und Ritter (2008) ist folgende Eskalationsleiter denkbar:

- **Stufe 1:** nonverbaler Hinweis auf Grenzüberschreitung (z.B. Ansehen des betreffenden Schülers und Finger auf den Mund legen).
- **Stufe 2:** verbale Rückmeldung („Beachte bitte die Klassenregeln.").
- **Stufe 3:** („gelbe Karte"): zur Rede stellen und Fragen stellen („Was tust du? Wie heißt die Regel?")[26].

---

[26] Sollte auf der vierten Stufe der Eskalationsleiter als Strafe eine Auszeit stehen, so kann auf der dritten Stufe der Schüler bereits gefragt werden, ob er sich dazu entschließt, die Regeln ab jetzt einzuhalten oder dazu entschließt den Ausschluss vom Unterricht in Kauf zu nehmen. Auszeit-Modelle sollten nur dann verfolgt werden, wenn die Auszeit nicht einfach eine Entfernung des Schülers aus der Klasse darstellt sondern der Schüler während der Auszeit zur Reflexion des eigenen Handelns angeregt wird (genauer Lohmann, 2003, S. 161 ff.).

- **Stufe 4:** („rote Karte"): bei Wiederaufnahme des Störverhaltens in der gleichen Stunde: Aussprechen einer Strafe!

Entscheidend ist beim Einsatz einer solchen Eskalationsleiter, welche Strafe den Schüler auf der vierten Stufe erwartet. Wichtig ist, dass die Schüler dies tatsächlich als Strafe begreifen. Eventuell ist es ratsam, zusammen mit den Schülern eine angemessene Strafe festzusetzen. Generell gilt aber zu bedenken, dass der Lehrer bereit sein muss, die Strafe auch umzusetzen. Dabei sollte er auch berücksichtigen, dass dies zumeist mit einem gewissen Mehr- bzw. Zeitaufwand verbunden ist. Eine Stunde Nachsitzen bedeutet eben auch für den Lehrer ‚Nachsitzen'. Ein Beispiel möglicher Klassenregeln findet sich in der folgenden Abbildung:

- Ich erscheine pünktlich, vorbereitet und mit Materialien im Unterricht.
- Ich zerstöre kein Eigentum der Schule oder eines Anderen und nehme Niemandem etwas weg.
- Ich lenke meine Mitschüler nicht ab und führe keine „Privatgespräche"!
- Ich melde mich und rufe nicht in die Klasse.
- Ich esse und trinke nicht im Unterricht.
- Ich behandele Lehrer/innen und Mitschüler/innen respektvoll.
- Ich bleibe während des Klassenunterrichts auf meinem Sitzplatz sitzen.
- Ich halte meine Klasse sauber.
- Ich ‚turne' nicht auf der Inneneinrichtung herum.

Abb. 6.1. Klassenregeln einer Klasse 9.

Klassenregeln werden ergänzt durch Rituale, die den Schülern helfen Verhaltensstrukturen und –grenzen aufzubauen (z.B. „nach dem Morgengruß beginnt der eigentliche Unterricht.").
Allerdings sind ein gutes Klassenklima und ein relativ störungsfreier Unterricht vor allem vom einzelnen Lehrer selbst abhängig. Dieser entscheidet durch seinen Umgang mit Unterrichts-

störungen und Problemen im Unterricht über Art und Ausmaß von Unterrichtsstörungen. Authentisches Verhalten, vernünftige Kommunikationsstrukturen (z.B. Rückgriff auf Ich-Botschaften) und konsequentes Beachten der vorher gemeinsam erarbeiteten Regeln erscheinen zentrale Bedingungen zu sein. Darüber hinaus muss jeder Lehrer einen eigenen Führungsstil für sich entwickeln. Jeder Lehrer muss sich fragen, wie autoritär er den Schülern gegenübertritt (vgl. zur Einführung Heymann, 2006). Einen Erfahrungsbericht dieses Prozesses liefert Siewert (2006).

Letztendlich wird es aber trotz noch so großer Bemühungen nie einen völlig störungsfreien Unterricht geben (vgl. Drews, 2003). Eine weitere Entwicklungsaufgabe des Lehrers ist demnach die Aktzeptanz bestimmter Probleme im Unterricht, die z.T. nicht alleine vom Lehrer gelöst werden können (vgl. Kreter, 2007).

Literaturverzeichnis

Aich, G. (2006). *Kompetente Lehrer. Ein Konzept zur Verbesserung der Konflikt- und Kommunikationsfähigkeit.* Baltmannsweiler: Schneider.

Balke, S. (2003). *Die Spielregeln im Klassenzimmer: Das Trainingsraum – Programm. Ein Programm zur Lösung von Disziplinproblemen in der Schule* (2. Aufl). Bielefeld: Karoi.

Becker, B. (2006). *Lehrer lösen Konflikte. Handlungshilfe für den Schulalltag.* Weinheim: Beltz.

Benikowski, B. (1995). *Unterrichtsstörungen und kommunikative Didaktik.* Baltmannsweiler: Hohengehren.

Biller, K.H. (1981). *Unterrichtsstörungen.* Stuttgart: Klett.

Bülter, H. & Meyer, H. (2004). Was ist lernförderliches Klima? Voraussetzungen und Wirkungen. *Pädagogik,* 56 (11), 31-36.

Braun, D. & Schmiscke, J. (2006). *Mit Störungen umgehen.* Frankfurt: Cornelsen.

Bründel, H. & Simon, E. (2003). *Die Trainingsraummethode. Umgang mit Unterrichtsstörungen: Klare Regeln, Klare Kompetenzen.* Weinheim: Beltz.

Dreikurs, R.; Grunwald, B. & Pepper, F. (2007). *Schüler und Lehrer lösen Disziplinprobleme.* Weinheim: Beltz.

Drews, U. (2003): „Unterrichtsstörungen - Wie selbstverständlich sind sie?". *Pädagogik,* 52 (1), 5-7.

Eder, F. (2001). Schul- und Klassenklima. In D.H. Rost (Hrsg.), *Handwörterbuch Pädagogische Psychologie* (S. 622-631). Weinheim: Beltz.

Eikenbusch, G. (2009). Classroom Management – für Lehrer und für Schüler. *Pädagogik*, 61 (2), 6-10.

Göppel, R. (2007). *Lehrer, Schüler und Konflikte*. Bad Heilbrunn: Klinkhardt.

Gordon, T. (1994). *Lehrer – Schüler – Konferenz. Wie man Konflikte in der Schule löst* (12. Aufl.). München: Heyne.

Helmke, A. (2007). Lernprozesse anregen und steuern. Was wissen wir über Klarheit und Strukturiertheit? *Pädagogik*, 59 (6), 44-47.

Hillenbrand, C. (2003). *Didaktik bei Unterrichts- und Verhaltensstörungen* (2. aktualisierte Aufl.). Stuttgart: UTB.

Hillenbrand, C. (2006). *Einführung in die Pädagogik bei Verhaltensstörung* (4. überarbeitete Aufl.). Stuttgart: UTB.

Heymann, H.W. (2006). Autorität im Schulalltag. *Pädagogik*, 58 (2), 6-9.

Holtappels, H.G. (2001). Gewalt in der Schule. In L. Roth (Hrsg.), *Pädagogik. Handbuch für Studium und Praxis* (2., überarbeitete und erweiterte Aufl.) (S. 903-918). München: Oldenbourg.

Keller, G. (2008). *Disziplinmanagement in der Schulklasse. Unterrichtsstörungen vorbeugen - Unterrichtsstörungen bewältigen*. Bern: Huber.

Kounin, J. (1976). *Techniken der Klassenführung*. Bern: Huber.

Kreter, G. (2007). *Rote Karte für Nervensägen: Wie Schüler zu Unterrichtsstörern werden und was Eltern und Schule gemeinsam dagegen tun können*. Seelze: Kallmeyer.

Laning, J. & Siemens, M. (2004). *Gegen Chaos und Disziplinschwierigkeiten. Eigenverantwortung in der Schulklasse fördern. So geht das: 30 Tipps und Strategien*. Mühlheim: Verlag an der Ruhr.

Lohmann, G. (2003): *Mit Schülern klar kommen. Professioneller Umgang mit Unterrichtsstörungen und Disziplinkonflikten*. Frankfurt am Main: Cornelsen.

Meyer, H., Pfiffner, M. & Walter, C. (2007). Ein unterstützendes Lernklima erzeugen. Was wissen wir über den Einfluss der Lernumwelt?. *Pädagogik*, 59 (11), 42-47.

Molnar, A., & Lindquist, B. (2006). *Verhaltensprobleme in der Schule: Lösungsstrategien für die Praxis* (8. durchgesehene Aufl.). Dortmund: Borgmann.

Nolting, H.P. (1997). *Lernfall Aggression*. Reinbek: Rowohlt.

Nolting, H.P. (2002). *Störungen in der Schulklasse. Ein Leitfaden zur Vorbeugung und Konfliktlösung*. Weinheim: Beltz.

Nolting, H.P. (2006). Prävention von Unterrichtsstörungen. Unauffälli-
ge Einflussnahmen können viel bewirken. *Pädagogik*, 58 (11),
10-13.

Olweus, D. (2006). *Gewalt in der Schule. Was Lehrer und Eltern wissen sollten - und tun können* (4. durchgesehene Aufl.). Bern:
Huber.

Pfitzner, M. (2000). *„Kevin tötet mir den letzten Nerv". Vom Umgang
mit Unterrichtsstörungen.* Baltmannsweiler: Schneider.

Redlich, A. (2004). *KonfliktModeration* (6. Auflage). Hamburg: Wind-
mühle.

Ritter, I. (2008). Unterrichtsstörungen. Die besondere Herausforde-
rung, nicht nur für Berufseinsteiger. *Pädagogik*, 60 (6), 40-44.

Schäfer, C. (2006). *Wege zur Lösung von Unterrichtsstörungen. Jugendliche verstehen, Schule verändern.* Baltmannsweiler:
Schneider.

Segelken, E. (2008). Unterrichtsstörungen vorbeugen. *Pädagogik*, 60
(7/8), 78-81.

Siewert, J. (2006): „An meiner Freundlichkeit wäre ich fast gescheitert
…" – Über den schmerzhaften Lernprozess vom Berufsanfänger zum gestandenen Lehrer. *Pädagogik*, 58 (2), 14-17.

Tomann, H. (2007). *Claasroom-Management. Praxishilfen für das
Claasroom-Management.* Baltmannsweiler: Schneider.

Winkel, R. (1996). *Der gestörte Unterricht- Didaktische und therapeu-
tische Möglichkeiten.* Bochum: Neue deutsche Schule.

Walker, J. (1995). *Gewaltfreier Umgang mit Konflikten in der Sekundarstufe I - Spiele und Übungen (Lernmaterialien).* Frankfurt
am Main: Cornelsen.

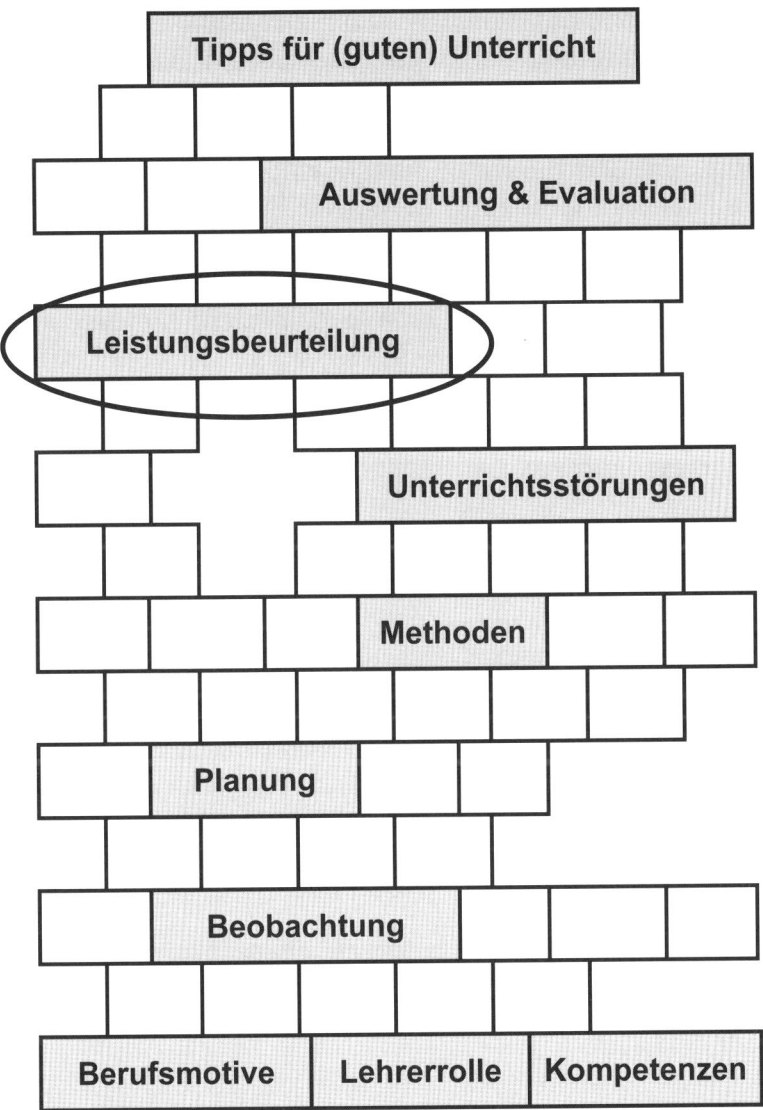

7. Leistungen beurteilen & benoten

Das Thema der Leistungsbeurteilung ist eines der sensibelsten in der didaktischen Diskussion. Nicht zuletzt aufgrund der möglichen Bedeutsamkeit der Noten für spätere Berufswege, gibt die Beurteilung bzw. Benotung von Schülerleistungen immer wieder Anlass zu Spannungen zwischen Lehrern und Schülern sowie Lehrern und Eltern. In diesem Kapitel erfolgt zunächst eine begriffliche Eingrenzung (1) sowie eine Übersicht über die gängigen Formen der Leistungsbeurteilung (2). Anschließend werden unterschiedliche Bezugsnormen für die Beurteilung von Leistungen vorgestellt (3). Darin und in nicht auszuschließenden Beurteilungsfehlern (4) wird die, zum Teil wohl unlösbare, Problematik einer gerechten Leistungsbeurteilung bzw. Zensurengebung offenkundig. Zum Abschluss werden einige notwendige Kompetenzen von Lehrkräften dargestellt (5).

7.1 Begriffsdefinitionen

Bei der Betrachtung von Leistungsbeurteilung[27] spielt das Leistungsverständnis, welches in der Schule vorherrscht, eine zentrale Rolle. Dieses spiegelt sich in Richtlinien, Lehrplänen und Erlassen wieder. Eine sehr allgemeine Definition des Begriffes der Schulleistung findet sich bei Heller (1984, S. 15):

Schulleistung ist „das gesamte Leistungsverhalten im Kontext schulischer Bildungsbemühungen".

Eine umfassendere Definition bieten Ingenkamp & Lissmann (2005, S. 131):

---

[27] Ein synonymer Gebrauch des Begriffes der *Leistungsmessung* ist für den schulischen Bereich nicht angebracht, da eine Messung objektiven Gütekriterien genügen muss. Lediglich bei standardisierten oder formellen Tests ist in der Schule die Einhaltung der Gütekriterien zu erwarten.

„Unter **Schulleistung** versteht man zusammengefasst die von der Schule initiierten Lernprozesse und Lernergebnisse der Schüler. Diese Lernleistungen können im Hinblick auf verschiedene Verhaltensdimensionen beschrieben und unter Bezug auf verschiedene Normen eingeordnet werden".

Die Definition verdeutlicht, dass nicht nur die Kompetenzen der Schüler in den verschiedenen Fächern Gegenstand der Leistungsbeurteilung sind. Ebenso zählen fachübergreifende Kompetenzen, wie Team-, Kommunikations- oder Kooperationsfähigkeit dazu. Die Benotung solch übergreifender Kompetenzen wird heute wieder in vielen Bundesländern von der Schule gefordert. Dies signalisiert die Wiedereinführung der so genannten ‚Kopfnoten'.

Eine solche Entwicklung verdeutlicht, dass das Verständnis des Leistungsbegriffs in der Schule in einem ständigen Wandel begriffen ist. Zwar soll im Folgenden keine lückenlose Darstellung der Veränderungen des schulischen Leistungsverständnisses gegeben werden (vgl. dazu genauer z. B. Furck, 1972; Klafki, 1993; Lichtenstein-Rother, 1971), einige grundlegenden Gedanken erscheinen aber notwendig, wenn man Leistungsbeurteilung angemessen behandeln möchte. Nach Tilmann & Vollstädt (1999) existieren mit gewissen Nuancen zwei verschiedene Standpunkte.

Auf der einen Seite ein eher *traditionelles Leistungsverständnis*, das vor allem auf die Aneignung überprüfbaren Wissens und Könnens als Voraussetzung für den Übergang in weiterführende Schulformen und Ausbildungseinrichtungen ausgerichtet war. Ein solches Verständnis ist unterrichtsfachlich geprägt, führt zu konkurrenzorientiertem Lernen und verlangt Formen der Leistungsüberprüfung und Zensierung.

Demgegenüber steht ein eher *pädagogisches* Leistungsverständnis, welches die Gesamtpersönlichkeit des Schülers in den Vordergrund rückt. Dabei geht es vor allem um die Entfaltung individueller Entwicklungsmöglichkeiten. Ein solches Verständnis rückte zu Beginn der 1970er Jahre in den Vordergrund der pädagogischen Diskussion, als der Deutsche Bildungsrat (1970) einen Strukturplan für das Bildungswesen vorlegte, der ein solches Leistungsverständnis forderte. Es entfachte sich in den Folgejahren ein Streit über eine Pädagogisierung des Leistungsverständnisses in der Schule.

Winter sieht (2004) allerdings in einem traditionellen Verständnis eine Reihe von Problemen. Insbesondere der vorherrschende Prüfungscharakter der Leistungsfeststellung wird kritisiert, da Leistung ausschließlich punktuell und nur in einem begrenzten Raum eingefordert wird.

Des Weiteren sehen Kritiker in den Ziffernnoten[28] als Generalindikator für Schulleistung das Problem, dass damit die tatsächlichen Schülerleistungen nicht angemessen gewürdigt werden können. Darüber hinaus verhindere ein Ziffernsystem eine Kommunikation zwischen Lerner und Lehrendem, untermauere die Machtposition der Lehrkraft und bewirke bei vermeintlich ‚schlechten' Noten eklatante Demotivationseffekte.

Zurzeit scheint ein *pädagogischer Leistungsbegriff* in der didaktischen Diskussion weitestgehend konsensfähig zu sein. Grunder & Bohl plädieren daher für neue Formen der Leistungsbeurteilung und formulieren (2004) in Erweiterung zu Jürgens folgende Merkmale eines *pädagogischen Leistungsbegriffes*:

---

[28] Der Sinn von Ziffernnoten wird ebenso heftig diskutiert, wie das schulische Leistungsverständnis und kann hier nicht in Gänze dargestellt werden (vgl. vertiefend z.B. Ingenkamp, 1977; Ziegenspeck, 1989; Ziegenspeck & Lehmann, 1999; von der Groeben, 2009). Es muss aber darauf hingewiesen werden, dass auch verbale Beurteilungen oder Berichte, die z.B. in der Primarstufe verfasst werden, nicht das erfüllen, was als pädagogisches Ideal von ihnen erwartet wird. Wichtig erscheint, dass der Ziffernnote bestimmte Funktionen, wie Kontroll-, Disziplinierungs-, Rückmelde-, Selektionsfunktion, etc. zugeschrieben werden (vgl. genauer Jürgens, 2005).

- *Leistung gründet auf einer vertrauensvollen Beziehungs-struktur* sowohl zwischen Schüler und Lehrer, als auch zwischen den Schülern untereinander.
- *Leistung ist subjektbezogen und individuell.*
- *Leistung ist solidarisch*, d.h. einem möglichen Spannungsverhältnis zwischen individueller und gemeinsam erbrachter Leistung ist Rechnung zu tragen. Insbesondere sind offene Methoden des Unterrichts (Kap. 5) zu etablieren.
- *Leistung ist vielfältig, sie ist produkt- und prozessorientiert* und wendet sich daher gegen eine alleinige punktuelle Schülerbeurteilung in Form von Tests, Klausuren und Klassenarbeiten.
- *Leistung ist auf systematische Unterstützung angewiesen*, die individuelle Defizite aufarbeitet und Begabungen fördert.
- *Leistung ist nicht wertfrei und nicht objektivierbar*, denn Leistung wird immer von den Beteiligten, zumeist vom Lehrer, definiert.

Es gilt, bei der Diskussion über Leistungsbeurteilung auf diese fehlende Wertfreiheit und nicht zu erreichende Objektivierbarkeit (vgl. genauer z.B. Sacher, 1994) hinzuweisen. Solche Diskussionen erscheinen wichtig, denn

- *Leistung bedarf der Kommunikation und Reflexion*. Dies sollte mit Schülern regelmäßig geschehen.
- *Leistung unterliegt einer Fremd- und Selbstbeurteilung*, d.h. das die Monopolstellung des Lehrers bei der Leistungsbeurteilung behutsam aufgebrochen werden sollte. Schüler erhalten durch die Selbstbeurteilung die Möglichkeit zu einem realistischen Selbstbild zu gelangen.

Diese Merkmale folgen in ihrer Gesamtheit einem eher offenen Verständnis von Unterricht und sind selbstverständlich nicht frei von Spannungen (vgl. genauer Bohl, 2004). Darüber hinaus stößt die Umsetzung in der Unterrichtspraxis an Grenzen, da z.T. notwendige Rahmenbedingungen (z.B. Zeitressourcen, etc.) fehlen. Dementsprechend wäre es praxisfern diese Merkmale als Paradigma zu erheben und eine Leistungsbeurteilung gänzlich abzulehnen, die einem traditionellen Leistungsverständnis folgt.

Für die unterrichtliche Praxis unterscheiden Schrader & Helmke (2002) zwischen zwei Arten alltäglicher Leistungsbeurteilung. Zum einen geben Lehrer *explizite* Urteile (Diagnosen) ab. Die Lehrkraft stützt sich dabei auf geeignete Informationen bzw. Daten, die eigens zum Zweck der Leistungsfeststellung erhoben wurden (z.B. Klassenarbeiten, Tests, mündliche Prüfungen). Das diagnostische Urteil kommt dadurch zu Stande, dass die gewonnenen Informationen mit einer Bezugsnorm (Kap. 7.4) in Beziehung gesetzt werden. Die Lehrkraft stützt sich bei expliziten Urteilen nahezu ungeteilt auf die diagnostische Aktivität. Die abschließende, dann auch von Schülern und Eltern geforderte, Beurteilung bzw. Benotung erfolgt in der Regel nach gründlicher Reflexion.

Daneben existieren so genannte *implizite* Urteile. Dabei läuft der Beurteilungsvorgang stark verkürzt ab. Implizite Urteile speichern Schülerleistungen intuitiv. Klassisches Beispiel solcher Leistungsbeurteilung ist die Abspeicherung von Schülerbeiträgen im Rahmen eines Unterrichtsgesprächs. Die Schüler erhalten darüber häufig keine direkte Rückmeldung. Implizite Urteile sind aufgrund der Komplexität des Unterrichtsgeschehens in hohem Maße fehleranfällig (Kap. 7.4). Umso wichtiger erscheint eine differenzierte Auswertung von Unterricht (vgl. Kap. 8).

Als explizite Beurteilungen schulischer Leistungen lassen sich die verschiedensten Formen unterscheiden.

7.2 Formen der Leistungsbeurteilung

In der Schule existieren vielfältige Formen der Leistungsfeststellung, die zum Teil offenkundig und nachvollziehbar, zum Teil aber auch unbewusst und quasi nebenbei ablaufen. Zunächst kann allgemein zwischen folgenden Arten der Leistungsbeurteilung unterschieden werden:

- Mündliche Leistungen (z.B. das mündliche Beschreiben einer Statistik).
- Schriftliche Leistungen (z.B. das schriftliche Interpretieren eines Gedichtes im Rahmen einer Klassenarbeit).
- Grafische Leistungen (z.B. das Zeichnen eines Kurvendiagramms, das Malen eines Bildes).
- Praktische Leistungen (z.B. das Ausführen der Rolle vorwärts im Sportunterricht, das Spielen eines Musikstückes).

Die Bedeutung der verschiedenen Arten ist fachspezifisch. In den so genannten schriftlichen bzw. Hauptfächern (Deutsch, Englisch, Mathematik, Fremdsprachen) spielen zumeist schriftliche Leistungen eine größere Rolle als in den nicht-schriftlichen Nebenfächern (z.B. Geschichte, Politik, etc.).

Das Fach Kunst, mit einem Schwerpunkt auf grafischer Leistung, stellt im Hinblick auf die Leistungsbeurteilung ebenso eine Sonderform dar, wie die Fächer Musik und Sport, in denen praktische Leistungen eine größere Rolle spielen.

Im Folgenden erfolgt daher eine genauere Betrachtung von Formen der mündlichen und schriftlichen Leistungsbeurteilung, da diese die am häufigsten angewendeten Formen sein dürften.

Die folgende Tabelle, die keinen Anspruch auf Vollständigkeit erhebt, listet mögliche Formen der Leistungsbeurteilung auf. Dabei erfolgt im Sinne der dargelegten zwei unterschiedlichen Lesarten von Schulleistung eine Einteilung in eher traditionell lehrerorientierte und eher offene Formen der Leistungsbeurteilung im Sinne eines pädagogischen Leistungsbegriffes (Kap. 7.1.).

Tab. 7.1. *Formen der Leistungsbeurteilung.*

	eher traditionell	eher offen, pädagogisch
Mündliche Leistungsfeststellungen	Mündliche Prü-fungen, Beiträge im Unterrichtsgespräch, Referate, ...	Beiträge in Diskussionen, Beiträge in Präsentationen, ...
Schriftliche Leistungsfeststellungen	Klassenarbeiten, Klausuren, Tests, Hausaufgaben, Facharbeiten, Heftführung, ...	Portfolio, Lernjournal, Lernkontrakte, Lerntagebücher, Projektberichte, ...

Im Folgenden werden einige ausgewählte Formen der Leistungsbeurteilung kurz dargestellt:

Klassenarbeiten, Klausuren

Die Klassenarbeit bzw. die Klausur stellt eine zentrale Form der alltäglichen Leistungsbeurteilung an der Schule dar. Unter einer Klassenarbeit oder Klausur kann im Allgemeinen eine schriftliche Arbeit, die ein Schüler in einer vorgegebenen Unterrichtszeit unter Aufsicht zu einem Thema anzufertigen hat, verstanden werden. Klassenarbeiten und Klausuren folgen in der Regel vier Schritten (vg. genauer Gudjons, 1988; 2006; Sacher, 1999):

• Vorbereitung.
• Durchführung.
• Auswertung.
• Rückgabe.

Der *Vorbereitung* kommt dabei eine sehr wichtige Funktion zu. Der Lehrer muss beispielsweise darauf achten, dass die Aufgaben für die Schüler verständlich sind und sich auf den im Unterricht behandelten Stoff beziehen.

Die *Durchführung* einer Klassenarbeit ist ein sensibler Bereich, da die Schüler zumeist angespannt und nervös sind. Umso wichtiger ist die Schaffung einer möglichst angenehmen Arbeitsatmosphäre. Klare Regeln, zum Beispiel beim Umgang mit Fragen einzelner Schüler, verhindern etwa Unruhe und störende Geräusche. Dazu gehört selbstverständlich auch eine genaue Absprache dazu, wie mit Täuschungsversuchen umgegangen wird.

Die anschließende *Auswertung* einer Klassenarbeit oder Klausur wird, allein schon wegen des z. T. sehr großen Zeitaufwandes, von nicht wenigen Lehrkräften als die größte Belastung ihres Berufes angesehen. Die Auswertung ist in gewisser Weise subjektiv. Das bedeutet, dass die abschließende Benotung einzelner Arbeiten zum einen stark von der gewählten Bezugsnorm (Kap. 7.3) abhängt, zum anderen einer Reihe von möglichen Beurteilungsfehlern unterliegt (Kap. 7.4).

Besonders bedeutsam ist der Korrekturvorgang einzelner Klausuren, da damit eine individuelle Rückmeldung möglich ist. So sollten beispielsweise nicht nur Fehler vermerkt werden, sondern wenn möglich auch die richtige Lösung mitgeteilt werden (z.B. nicht nur ein Zeichen für einen Rechtschreibfehler an den Rand, sondern auch das richtige Wort in der Klassenarbeit notieren). In Tabelle 7.2. sind einige mögliche grundlegende Fehlerzeichen aufgelistet.

Tab. 7.2. *Mögliche Fehlerzeichen für Klassenarbeiten bzw. Klausuren.*

Fehler-bezeichnung	Korrektur-zeichen	Beispiele für genauere Kennzeichnung des Fehlers
Fehler in der sachlichen Aussage		
Sachlicher Fehler	Sa	Falsch, unzutreffend, entspricht nicht der Aussage des Materials, falsche Gewichtung, zu pauschal, lückenhaft, Widerspruch, unzulässige Verallgemeinerung, falscher Zusammenhang, etc..
Fehler in der sprachlichen Darstellung		
falscher Fachausdruck	Fa	(hier möglichst der Vermerk des richtigen Ausdrucks)
Ausdrucksfehler	A	ungenau, unklar, etc..
Wiederholungsfehler	Wdh	überflüssige Wiederholung von Sachverhalten
Beziehungsfehler	Bz	unklare, doppeldeutige, falsche Beziehung, etc..
Satzbaufehler	Sb	falscher Satzbauplan, falscher Anschluss, Bruch in der Satzkonstruktion, etc..
Grammatikfehler	Gr	Falscher Modus, falsches Tempus, etc..
Rechtschreibung	R	
Zeichensetzung	Z	
Fehler im Aufbau		
Aufgabenbezug	Ab	
Fehlen eines Absatzes	∫	
Einschub von Fehlendem	√	
Streichung von Überflüssigem	(-)	

Jede Klausur ist mit einer Rückmeldung zu versehen, aus der der Schüler nachvollziehen kann, wie die Note zustande gekommen ist. Dabei ist sowohl eine Art schriftliche Notenbegründung, als auch ein Punkteraster denkbar.

In einer schriftlichen Notenbegründung, die häufig am Ende der Klassenarbeit bzw. Klausur geschrieben wird, werden Vorzüge und Mängel der Klassenarbeit oder Klausur dargelegt. Schüler merken allerdings sehr schnell, wenn der Lehrer sich bei der Notenbegründung aus zeitökonomischen Gründen (Kap. 7.4) lediglich sehr allgemeinen Aussagen bedient (z.B. „Die erste Aufgabe ist insgesamt recht ordentlich gelungen ...").

Eine andere Möglichkeit bieten zuvor erstellte Punktraster. Darin wird aufgeführt, wie viele Punkte für die einzelnen Aufgabenteile zu erreichen waren und wie viele Punkte der Schüler davon tatsächlich erreicht hat. Solche Punkteraster sind sowohl im mathematisch-naturwissenschaftlichen Bereich, als auch in Fächern wie Deutsch oder den Gesellschaftswissenschaften denkbar (vgl. Tabelle 7.3.).

Tab. 7.3. *Beispiel eines Punktesystems bei Klassenarbeiten und Klausuren.*

Auf-gabe	Erwartung: Der Prüfling	Maximale Punktzahl	Erreichte Punkt-zahl
1	formuliert den Kerngedanken des Textes, z.B. (...).	4	4
	stellt die Hauptaussagen des Textes dar, - (...) - (...)	10	6
	beschreibt den Argumentationsgangs des Autors, z.B.	6	4

Solche Beurteilungsraster sind in der Vorbereitung zwar aufwändiger, die eigentliche Auswertung lässt sich aber dadurch zeitlich optimieren. Die Vergabe von Punkten suggeriert allerdings eine Objektivität, die de facto nicht gegeben ist.

Bei der *Rückgabe* sollte man auf fragwürdige Rituale (z.B. das Austeilen nach Noten) verzichten und sich bei Aussagen zu einzelnen Schülern vor der Klasse zurückhalten. Legitim sind dagegen Äußerungen dazu wie die Arbeit insgesamt ausgefallen ist und wo Stärken und Probleme aufgetreten sind. Selbstverständlich sollten eine gründliche Aufgabenbesprechung und gezielte Hilfen zur Fehlerbeseitigung sein.

Mündliche Beiträge im Unterricht

Mit mündlichen Beiträgen sind hier kurze, im Unterrichtsverlauf vom Schüler verbal übermittelte Aussagen bzw. Leistungen gemeint. Die Beurteilung einer solchen Leistung erfolgt unsystematisch und zumeist implizit. Die Leistungsbeurteilung ist in hohem Maße subjektiv und komplex, wie folgendes Beispiel eines Unterrichtsgespräches einer Erdkundestunde in einer Klasse 5 (Thema: Fremdenverkehr) zeigt:

Lehrer Z.: [legt eine Folie mit einem Bild einer Szene eines Nordseestrandes auf]

Wer beschreibt mal das Bild?

[Peter, Anne, Christina, Uli heben sofort die Finger, nach ca. drei Sekunden melden sich insgesamt neun Schüler]

Lehrer Z.: Anne, bitte.

Anne: Also man sieht viele Menschen, die am Strand liegen und Urlaub machen.

Lehrer Z.: Bietet das Bild weitere Informationen? Peter.

Peter: Man sieht auch, dass viele Menschen im Wasser sind.

Lehrer Z: Christina.

Christina: Was auffällt sind vor allem die vielen Fremdenverkehrseinrichtungen, über die wir ja schon gesprochen haben, z.B. der Hafen oder die Hotels im Hintergrund.

Dieses Beispiel verdeutlicht zum einen, dass der Lehrer durch die Wahl der Schüler, die er drannimmt schon eine Selektion vornimmt. Eventuell hätten die Schüler, die sich nicht gemeldet haben ähnliche oder andere Antworten geben können. Der Lehrer sollte auf eine breite Beteiligung achten[29].

Deutlich wird auch, dass sich die Qualität der Beiträge voneinander unterscheidet. So knüpft Christina an bereits erlerntes Wissen an; ihr Beitrag ist daher qualitativ höher einzuschätzen als der von Anne und Peter. Jürgens (2005) warnt daher vor einer ausschließlich quantitativen Feststellung und plädiert dafür Unterrichtsbeteiligung immer im Zusammenhang mit dem qualitativen Gehalt des jeweiligen Beitrages zu betrachten (vgl. genauer Nuding, 2006). Eine Forderung, die in der Unterrichtspraxis nur schwer einzuhalten ist. Das Gesamturteil der mündlichen Beteiligung eines Schülers erfolgt oft auf der Basis zufällig gewonnener Eindrücke. Umso wichtiger scheint zur Erfassung solcher Schülerleistungen eine gründliche Auswertung des Unterrichts (Kap. 8). Ein solches Gesamturteil wird nach einer gewissen Zeit, spätestens aber zum Zeugnistermin, in eine Note überführt (vgl. genauer Kirk, 2004).

Schriftliche Tests

Allgemein ist ein Test nach Lienert & Raatz (1998, S. 582) ein „systematisches Verfahren zur Messung einer Stichprobe des Verhaltens eines Menschen, um dieses Verhalten anhand von Maßstäben oder Normen zu bewerten". Diese Definition offenbart mit dem Begriff der ‚Messung' den Anspruch einer wissenschaftlichen Messung, die für den überwiegenden Teil der in der Schule eingesetzten schriftlichen Tests nicht zutrifft. Aus dem Bereich der psychologischen und pädagogischen Diagnostik existiert heute eine unüberschaubare Fülle an Literatur zu diesem Thema, das aufgrund des hohen Spezialisierungsgrades für die Schulpraxis nur bedingt geeignet erscheint. Mögliche Testverfahren sind in Anlehnung an Jürgens (2005):

---

[29] Erwähnt werden muss an dieser Stelle, dass der Lehrer in der Primarstufe und der Sekundarstufe I eine ‚Holschuld' hat. Er muss demnach Schüler, die sich gar nicht oder nur wenig am Unterricht beteiligen, aktivieren. Erst in der Sekundarstufe II haben die Schüler eine so genannte ‚Bringschuld'.

- *Standardisierte Schulleistungstests* sind Verfahren der pädagogischen Diagnostik und unterliegen in der Regel den wissenschaftlichen Gütekriterien der klassischen Testtheorie (vgl. genauer Lienert & Raatz, 1998). Aufgrund des großen Aufwandes sind solche Testverfahren im Schulalltag eher die Ausnahme.
- *Normarbeiten* überprüfen nach Ablauf einer bestimmten Unterrichtseinheit wichtige Lernziele und ähneln in ihrer äußeren Form häufig der Klassenarbeit.
- *Fachspezifische Tests* werden für bestimmte Fächer und Jahrgangsstufen entsprechend der jeweils fachspezifisch als bedeutsam definierten Lernziele zusammengestellt. Solche Tests können anders als Normarbeiten, die natürlich ebenfalls in der Regel fachspezifisch sind, leichter klassenübergreifend angewendet werden (z.B. Vokabeltests).
- *Lehrbuchbezogene Tests* stellen eine Sonderform dar. Sie werden von Schulbuchverlagen zu einzelnen Lehr- und Arbeitsbüchern mitgeliefert bzw. in diesen integriert oder in Fachzeitschriften als Testblätter veröffentlicht.
- *Informelle Tests* stellen eine Art Kompromiss zu standardisierten Schulleistungstest dar. Sie werden in der Regel von den Lehrkräften konstruiert und folgen dabei so weit es geht der klassischen Testtheorie (vgl. vertiefend Rosemann, 1984 und mit einer ausführlichen Darstellung zu Testkonstruktion Klauer, 1987; 2002).

Im Vergleich zu Klassenarbeiten und Klausuren ist die Bedeutung eines Tests für die Endnote eher gering. So wird in vielen Erlassen und Verordnungen für einzelne Fächer z.B. festgelegt, dass ein Test oder eine schriftliche Lernerfolgskontrolle in der Wertigkeit vergleichbar sein sollte, wie die sonstige Mitarbeitsleistung in einer Unterrichtsstunde.

Beurteilung ‚offener' Unterrichtsphasen

Die Beurteilung der Schülerleistungen in offenen Unterrichts-phasen, z.B. bei Referaten, Gruppen- oder Projektunterricht un-terscheidet sich von der Beurteilung der Beiträge von Unter-richtsgesprächen, Tests oder Klassenarbeiten (vgl. genauer z.B. Bendler, 1995, Bohl, 2004 und für den Projektunterricht Geist, 2009). Wichtig ist, im Idealfall mit den Schülern gemein-sam, frühzeitig die Kriterien für die Leistungsbeurteilung festzu-legen. Folgende Fragen sind dabei u.a. zu klären:

- Was soll als Produkt von den Schülern erstellt werden?
- Welche Qualitätsmerkmale muss dieses Produkt für eine gute Leistung erfüllen?
- Soll der Arbeitsprozess eine Rolle für die Beurteilung spielen?
- Wird die Leistung der Gruppe als Ganzes bewertet?

Ein möglicher Bewertungskatalog für ein Schülerreferat mit Me-dienunterstützung findet sich in Tabelle 7.4.

Tab. 7.4. *Mögliche Beurteilungsmatrix für Präsentationen.*

Kriterium	Unterkriterium	Stufe 0 (0 %)	Stufe 1 (25 %)	Stufe 2 (75 %)	Stufe 3 (100 %)	Pkt.
Inhalt						
30 Pkt.	Richtigkeit in Vortrag, Thesenblatt und Folien					
20 Pkt.	Vollständigkeit der thematischen Darstellung					
10 Pkt.	Quellennachweise angemessen vorhanden					
5 Pkt.	Sprachliche Richtigkeit					
Vortrag						
5 Pkt.	Gliederung (Einstieg, Hauptteil, Schluss) erkennbar					
10 Pkt.	Vortragsstil angemessen (z.B. Gestik, Stimme) und sicher (z.B. bei der Beantwortung von Fragen)					
10 Pkt.	Visualisierungshilfe sinnvoll unterstützend eingesetzt (Folien, Power Point)					
Medieneinsatz						
10 Pkt.	Layout der OHP- bzw. Power Point-Folien sinnvoll und vortragsunterstützend (z.B. Schriftgröße, Fülle)					
	weiterer Medieneinsatz					
Handout						
15 Pkt.	unterstützt angemessen den Vortrag und fasst das wichtigste zusammen.					
5 Pkt.	ist ansprechend gestaltet					
	Bemerkungen:					
Gesamt (120 Pkt.)						
Note						

Mittlerweile gibt es zahlreiche alternative Formen, von denen die Portfolioarbeit im Folgenden exemplarisch dargestellt werden soll.

Portfolios

Noch vor einigen Jahren verbanden Pädagogen mit dem Begriff ‚Portfolio' lediglich eine mit Fotos aus-gestattete Mappe eines Künstlers. Tatsächlich führten bereits zur Zeit der Renaissance die damaligen Künstler und Architekten in Portfolios ihre Arbeiten und Skizzen mit sich. Den Einzug in das Bildungssystem erhielt das Portfoliokonzept Anfang der 1980er Jahre in den USA. Darin enthalten war die Hoffnung, dass Portfolioarbeit einen Beitrag zu einer Unterrichtsreform leistet, die stärker schülerorientiert ausgerichtet ist und dem individuellen Lernen mehr Raum ermöglicht.

In den deutschsprachigen Raum gelangt die Portfolioarbeit erstmals zu Beginn der 1990er Jahre. Eine echte Etablierung in die Schuldidaktik ist hingegen erst ab 2000 zu verzeichnen. Seither findet die Portfolioarbeit immer stärkere Beachtung. Häcker (2006, S. 36) formuliert in Anlehnung an Paulson et al. folgende Definition:

> „Ein **Portfolio** ist eine zielgerichtete Sammlung von Arbeiten, welche die individuellen, Fortschritte und Leistungen des Lernenden [...] zeigt. Die Sammlung muss die Beteiligten der/des Lernenden an der Auswahl der Inhalte, der Kriterien für die Auswahl, der Festlegung der Beurteilungskriterien sowie Hinweise auf die Selbstreflexion des/des Lernenden einschließen".

In der Definition wird die besondere Ausrichtung auf den pädagogischen Begriff der Schulleistung deutlich.

Mittlerweile existiert eine unüberschaubare Vielfalt unterschiedlicher Ansätze von Portfolios (vgl. z.B. Häcker, 2006; Lissmann, 2000). Nach Ingenkamp & Lissmann (2005) lassen sich fünf Haupttypen unterscheiden:

- *Arbeitsportfolios* diagnostizieren das Lernen und beschreiben die Stärken und Schwächen des Schülers.
- *Beurteilungsportfolios* beurteilen die Lernenden.
- *Vorzeigeportfolios* zeigen die besten Arbeiten der Schüler.
- *Prozessportfolios* dokumentieren eine Entwicklung.
- *Bewerbungsportfolios* werden angefertigt, wenn sich Schulabgänger bei Arbeitgebern bewerben.

Portfolioarbeit ist langfristig angelegt und versucht nach Jürgens (2005) eine Brücke zwischen schülerorientiertem Lernen, Förderdiagnostik und pädagogischer Leistungsbeurteilung zu schlagen. Des Weiteren kann eine Kombination zwischen unterschiedlichen Bezugsnormen erreicht werden (Kap. 7.3) und insbesondere individuellen Leistungsfortschritten Rechnung tragen (vgl. z.B. Lissmann, 2000; 2001; Winter, 2000; 2002).

7.3 Bezugsnormen

Wie eine Schülerleistung letztendlich beurteilt und mit welcher Note sie belegt wird hängt im entscheidenden Maße von der verwendeten Bezugsnorm am. Dazu ein Beispiel eines Referendars mit dem Unterrichtsfach Deutsch.

Deutschreferendar R. hat in der Klasse 5 ein Diktat schreiben lassen, um die eingeübten Regeln der Rechtschreibung zu überprüfen. Er hat die Diktate zu Hause korrigiert und möchte nun die Fehlerzahl in Ziffernnoten umwandeln. Doch schon bei den ersten beiden Schülerinnen kommt er ins Grübeln. Kira hat mit nur drei Fehlern zwar eine viel bessere Leistung als Julia (elf Fehler) erbracht, wie aber soll er diesen großen Unterschied in die Notenskala einordnen? Vor allem weil sich Julia sehr angestrengt hat und sich im Vergleich zu Kira, die schon in den ersten beiden Diktaten wenig Fehler gemacht hat, sehr verbessert hat ...

Die Schwierigkeiten von Referendar R. liegt in der Festlegung der Bezugsnorm. Grundsätzlich lässt sich eine Unterscheidung nach drei Bezugsnormen vornehmen:

- die soziale Norm.
- die individuelle Norm.
- sachliche oder externe Norm.

Die *soziale* Norm wird zumeist als klasseninternes Bezugssystem angewandt. Das heißt, die Benotung der Leistungen aus dem Beispiel hängt von den Leistungen der Mitschüler ab. Ist Kira etwa die einzige, die nur drei Fehler gemacht hat, so bekommt sie eine bessere Note, als wenn beispielsweise fünf Schüler sogar mit noch weniger Fehlern abgeschlossen haben. Dies führt zu eklatanten Benotungsunterschieden, wie Ingenkamp bereits (1977) zeigte, denn die Note hängt davon ab, ob der Schüler einer sehr leistungsstarken oder einer eher leistungsschwachen Klasse angehört.

Ein zweiter Nachteil der sozialen Bezugsnorm liegt darin, dass Lernzuwächse ausgeblendet werden. So ist denkbar, dass Julia sich im Laufe des Schuljahres von zunächst über 20 auf nun elf Fehler verbessert hat. Im Vergleich zu den anderen, wird Julia also möglicherweise nach wie vor die gleiche schlechte Benotung bekommen (Reinberg, 1980). Aus diesem Problem ergibt sich das dritte Problem der sozialen Norm, da eine eventuell vorhandene generelle Leistungssteigerung der Klasse verschwiegen wird. Dies kann sich sehr negativ auf die Motivation auswirken. Reinberg bezeichnet (2002) diese Probleme als die drei blinden Flecken der sozialen Bezugsnorm. Aber auch die anderen Bezugsnormen haben Ihre blinden Flecken.

Bei der *individuellen* Bezugsnorm wird ein aktuell erzieltes Ergebnis daran gemessen, was der Schüler auf diesem Gebiet zuvor erreicht hat. Problematisch sind die individuellen Bezugsnormen in zweifacher Hinsicht. Bei alleiniger Nutzung der individuellen Bezugsnorm müsste jemand, der sich von einer eher ‚schlechten' Leistung auf eine ‚durchschnittliche' Leistung verbessert hat, eine bessere Note bekommen, als jemand der konstant ‚gute' Leistungen erbracht hat. In unserem Beispiel müsste Julia demnach eine bessere Note bekommen als Kira. Ein solches Vorgehen dürfte auch auf Seiten der Schüler auf Ablehnung stoßen.

Daraus resultiert ein zweites Problem, dass nämlich jemand, der seine Fähigkeiten ausschließlich auf der Grundlage seiner eigenen Entwicklungen beurteilt, eine ausgesprochen wichtige Informationsquelle zu sich selbst verliert. Dadurch kann es zu falschen Vorstellungen der eigenen Fähigkeiten kommen und später zu Enttäuschungen führen.

Sachliche Bezugsnormen richten sich nach bestimmten Mindestkompetenzen, die für eine bestimmte Note erreicht werden müssen. In der Schule ist häufig der Lehrplan ein Anker für eine sachliche Bezugnorm. Klauer bezeichnet (1987) die sachliche Bezugsnorm daher auch als *curriculare* oder *kriteriale* Bezugsnorm. Lehrpläne bieten allerdings zumeist nur relativ abstrakte Notendefinitionen oder Kompetenzbeschreibungen, die in der Unterrichtspraxis nur wenig bei der Notengebung helfen. Eine Sonderform sachlicher Bezugnormen stellt die externe Bezugsnorm dar.

Dabei wird die Norm nicht vom unterrichtenden Lehrer gesetzt, sondern von außen[30]. Für viele Fächer existieren bereits so genannte Kerncurricula, in denen Kompetenzen bzw. Fertigkeiten konkreter formuliert sind. Die sachliche oder externe Bezugsnorm hat allerdings ebenfalls ihre ‚blinden Flecken'. Rheinberg sieht (2002) diese zum einen im Ausblenden des zu Stande kommen der Leistung. Die sachliche Normierung informiert lediglich über die jeweils erreichten Lernfähigkeiten oder Fertigkeiten. Zum anderen sind sachliche Bezugsnormen unsensibel gegenüber Lernfortschritten. Für das skizzierte Beispiel aus dem Deutschunterricht würde das bedeuten, dass Julia trotz großer Anstrengung und einem sichtbaren Lernfortschritt eine eher ‚schlechte' Note bekommen würde. Für den Lehrer stellen Leistungsbeurteilungen nach feststehenden Normen zwar eine Erleichterung bei der Notenbildung dar. Beispielsweise wäre es für Referendar R. ein leichtes die Diktatleistungen bzw. die Fehleranzahl in Noten zu überführen. Eine alleinige Nutzung sachlicher Bezugsnormen würde hingegen den pädagogischen Anspruch der Institution Schule ad absurdum führen.

Folgt man Heckhausen (1974; 1989), so wäre es wünschenswert Schüler nach verschiedenen Bezugsnormen zu bewerten. Dabei soll die individuelle Bezugsnorm die Leitfunktion übernehmen, ohne dass andere Bezugsnormen ignoriert werden. Dies hat nach Rheinberg (1989) auch positive Auswirkungen auf die Motivation.

---

[30] An dieser Stelle muss auf die in den letzten Jahren als Folge der verschiedenen Studien (z.B. TIMSS, PISA) eingesetzte Standarddebatte hingewiesen werden, ohne Sie ausführlich darstellen zu können (vgl. zusammenfassend Klieme, 2003). Generell lässt sich in den letzten Jahren eine verstärkte Output-Orientierung feststellen, die sich in der Zunahme von zentralen Tests und Lernstandserhebungen zeigt.

7.4 Beurteilungsfehler

Schulleistungen müssen generell gespeichert, auf Normen bezogen (vgl. Kap. 7.3) und gewichtet werden. Erst dadurch erhalten sie einen pädagogischen Stellenwert. Das betrifft alle Formen der Leistungsbeurteilung in der Schule (vgl. Tabelle 7.1). Gerechte Zensuren zu geben, ist je nach Merkmalsbereich unterschiedlich schwer (vgl. Jäger, 2000). Die Beurteilung von Schülerleistungen bleibt aber immer mehr oder weniger subjektiv und zum Teil auch fehlerhaft.

Aus der pädagogischen Psychologie ist mittlerweile eine ganze Reihe von möglichen Beurteilungsfehlern bekannt, die vor allem bei der Beurteilung von beobachtetem Verhalten auftreten können. Zur Veranschaulichung zunächst ein weiteres Beispiel:

> *Junglehrer F. sitzt kurz vor der Zeugniskonferenz am heimischen Schreibtisch und macht sich Gedanken über die Noten für die sonstige Mitarbeit seiner Klasse 5b. Er hat seine Aufzeichnungen und Strichlisten gesichtet und geht nun im Geiste die einzelnen Schüler durch.*

Die Notengebung von Junglehrer F. kann bei dieser Tätigkeit zahlreiche Beurteilungsfehler beinhalten. Die wichtigsten werden im Folgenden aufgelistet (vgl. genauer z.B. Jürgens, 2005; Sacher, 1994):

- *Halo- oder Hofeffekt*: Der Lehrer schließt von einem hervorstechenden Merkmal auf andere Persönlichkeitsmerkmale (z.B. Lukas ist immer sehr ordentlich und stört wenig, dementsprechend muss seine Note in der sonstigen Mitarbeit mindestens eine drei sein.)

- *Kontrast-Fehler:* Beobachtungen werden in Relation zueinander beurteilt (z.B. wird ein Lehrer an einer ‚Brennpunktschule' mit großen Problemen in den Rahmenbedingungen (vgl. Kap. 5) gute Schülerleistungen anders bewerten, als ein Lehrer an einem ‚Elitegymnasium').

- *Mildefehler* entstehen während des Beurteilungsprozesses, wenn Lehrer bei guten Leistungen zu besonders günstigen Bewertungen kommen. Schlechte Leistungen werden dagegen nur gering gewichtet (z.B. erinnert sich Lehrer F. bei Carina an eine besonders gelungene Hausaufgabe und übersieht bei der Benotung, dass die Schülerin sich sonst kaum am Unterricht beteiligt).

- *Strengefehler* entstehen, wenn Lehrer dazu neigen, auch schon kleinere Mängel in Leistungen sehr stark zu gewichten (z.B. kann der Schüler Robin sich nicht besonders gut ausdrücken. Seine Antworten sind zum Teil etwas ungenau. Robin beteiligt sich aber sehr rege und kontinuierlich am Unterricht).

- *Tendenz zur Mitte*: Lehrer neigen dazu, dass strenge Urteile vermieden werden. Sacher begründet dies (1994) mit einer gewissen Entscheidungsunlust bzw. Ängstlichkeit der Lehrer, „denn Urteile nahe an der Mitte sind in aller Regel leichter zu vertreten und ecken kaum an" (ebd., S. 41).

- *Logischer Fehler*: Hier vollziehen Lehrer eine für sie ‚logische Kette' und blenden Unpassendes aus (z.B. weiß Lehrer F, dass der Schüler Pascal in Deutsch und Mathe eine schlechte Note bekommen wird und seine Versetzung gefährdet ist. Die Gefahr besteht, dass Pascal von Herrn F. eine schlechtere Note bekommt, als er eigentlich verdient.).

- *Reihenfolge-Effekte*: Bei der Integration von Einzelbeobachtungen zu einem Gesamteindruck spielen der erste Eindruck (*Primacy-Effekt*) und die letzte Beobachtung (*Regency-Effekt*) eine besondere Rolle, weil sie besser erinnert werden (z.B. hat Meike in den letzten zwei Wochen sich vereinzelt am Unterrichtsgespräch beteiligt, bis dahin aber nahezu gar nichts gesagt).

- *Projektion*: Menschen neigen dazu, eigene Gefühle auf den Gegenüber zu projizieren (z.B. schließt ein Lehrer mit Wut im Bauch leichter darauf, er habe es nur mit aggressiven und unmotivierten Schülern zu tun und beurteilt dementsprechend strenger).

Bei der Auflistung der Fehler wird deutlich, dass die Beurteilung persönlicher Merkmale eine besondere Rolle spielt. Es lässt sich nicht vermeiden, dass Lehrer einzelne Schüler sympathischer finden, als andere. Es gilt demnach, sich ständig zu hinterfragen, ob man allen Schüler in Ansätzen gerecht wird; also auch denen, die man nicht ganz so sympathisch findet.
Die Forderung ist umso wichtiger, wenn man bedenkt, dass die Ansichten, Einstellungen und Erwartungen des Lehrers Einfluss auf das Verhalten der Schüler haben können.
Dies bezeichnet der so genannte *Pygmalion-Effekt*[31]. Aufgrund der Fülle möglicher Beurteilungsfehler und der Bedeutsamkeit von Noten muss eine wesentliche Aufgabe des Lehrers darin gesehen werden, mit der Beurteilung von Leistungen sehr behutsam und verantwortungsvoll umzugehen.

7.5 Beurteilungskompetenzen

Die Beurteilung von Schülerleistungen kann als eine Kernkompetenz des Lehrers bezeichnet werden. Schrader & Helmke (2002, S.48) beschreiben eine solche *Diagnosekompetenz* als die Fähigkeit, Schülermerkmale und Aufgabenschwierigkeiten zutreffend einschätzen zu können. Es lassen sich drei unterschiedliche Ebenen der Beurteilung ableiten (vgl. zur Leistungsdiagnostik auch Paradies, Linser & Greving, 2007):

---

[31] In einer mittlerweile für den Lehrerberuf schon klassischen Untersuchung (vgl. Rosenthal & Jacobsen, 1968) wurden Schüler einer Klasse per Zufall ausgewählt und den unterrichtenden Lehrern mitgeteilt, dass diese Schüler besonders begabt sein und in der Zukunft noch besondere Leistungen von diesen zu erwarten sein werden. Es zeigte sich, dass sich die Leistungen dieser Schüler tatsächlich überdurchschnittlich entwickelten. Rosenthal & Jacobsen vertraten dabei die Auffassung, dass Schüler dann besondere Fortschritte machen, wenn die Lehrer dies erwarten.

- *Individuelle Ebene*: Der Lehrer muss etwa einschätzen können, ob ein Schüler eine bestimmte Aufgabe lösen kann oder wie der Schüler reagieren wird, wenn er abgefragt wird.
- *Klassenebene*: Der Lehrer muss Unterschiede zwischen den Schülern erkennen und ggf. Gruppen nach unterschiedlichen Gesichtspunkten zusammenstellen.
- *Institutionelle Ebene*: Der Lehrer muss Zeugnisse oder Leistungsberichte erstellen können und zutreffende Prognosen für die weitere Leistungsentwicklung der Schüler geben können.

Allgemeiner fordert Schlömerkemper (2002, S. 321), dass Lehrer Verfahren zur Leistungsbeurteilung kritisch, aber sachgerecht nachvollziehen und beurteilen können. Lehrer müssen demnach über ein breites Wissen möglicher Formen der Leistungsbeurteilung verfügen, müssen verschiedene Bezugssysteme kennen und anwenden sowie Beurteilungsfehler erkennen und minimieren. Des Weiteren müssen Lehrer in der Lage sein, jederzeit ihr Beurteilungssystem offen zulegen und für die Schüler eine größtmögliche Transparenz der Beurteilungskriterien schaffen (vgl. z.B. Klein 2009). Darüber hinaus sollten bestimmte Lernschwächen bekannt sein (Legasthenie, Dyskalkulie, etc.). Nicht zuletzt ist es wichtig, dass der Lehrer die notwendigen rechtlichen Rahmenbedingungen zur Leistungsbeurteilung kennt (vgl. z.B. Neuweg 2006).

Literaturverzeichnis

Bendler, A. (1995). Leistungsbeurteilung in offenen Unterrichtsformen – Qualität ohne Lernkontrollen. *Pädagogik*, 47 (3), 10-13.

Bohl, T. (2004). *Prüfen und Bewerten im Offenen Unterricht*. Weinheim: Beltz.

Deutscher Bildungsrat (Hrsg.) (1970). *Strukturplan für das Bildungswesen*. Stuttgart: Klett.

Ditton, H. (2007). Erwartungen verdeutlichen und Ergebnisse sichern. Was wissen wir über Kompetenzorientierung? *Pädagogik*, 59 (9), 40-45.

Geist, S. (2009). Leistungsbegleitung und -bewertung im Projektunterricht. *Pädagogik*, 61 (6), 14-17.

Grunder, H.U & Bohl, T. (Hrsg.) (2004). *Neue Formen der Leistungs-beurteilung. In den Sekundarstufen I und II* (2. Aufl.). Baltmannsweiler: Schneider.

Gudjons, H. (1988). Die Klassenarbeit. *Pädagogik*, 40 (4), 8-10.

Furck, D.L. (1972). *Das pädagogische Problem der Leistung in der Schule*. Weinheim: Beltz.

Häcker, T. (2006). Vielfalt der Portfoliobegriffe. Annäherung an ein schwer fassbares Konzept. In I. Brunner, T. Häcker & F. Winter (Hrsg.), *Das Handbuch Portfolioarbeit. Konzepte, Anregungen, Erfahrungen aus Schule und Lehrerbildung* (S. 33-39). Seelze: Kallmeyer.

Heckhausen, H. (1974). *Leistung und Chancengleichheit*. Göttingen: Hogrefe.

Heckhausen, H. (1989). *Leistung und Handeln*. Berlin: Springer.

Heller, K.A. (Hrsg.). *Leistungsdiagnostik in der Schule* (4., völlig neubearbeitete Aufl.). Bern: Huber.

Ingenkamp, K.H. (1977). *Die Fragwürdigkeit der Zensurengebung*. Weinheim: Beltz.

Ingenkamp, K. & Lissmann, U. (2005). *Lehrbuch der pädagogischen Diagnostik* (5., völlig überarbeitete Auf.). Weinheim: Beltz.

Jäger, R.S. (2000). *Von der Beobachtung zur Notengebung*. Landau: Verlag Empirische Pädagogik.

Jürgens, E. (2005). *Leistung und Beurteilung in der Schule. Eine Einführung in die Leistungs- und Bewertungsfragen aus pädagogischer* Sicht (6., aktualisierte und stark erweiterte Aufl.). Sankt Augustin: Academia.

Kirk, S. (2004). *Beurteilung mündlicher Leistungen. Pädagogische, psychologische, didaktische und schulrechtliche Aspekte der mündlichen Leistungsbeurteilung. Bad Heilbrunn*: Klinkhardt.

Klafki, W. (1993). Leistung. In D. Lenzen (Hrsg.), *Pädagogische Grundbegriffe. Bd. 2.* (S.983-987). Reinbeck: Rowohlt.

Klauer, K.J. (1987). *Kriteriumsorientierte Tests*. Göttingen. Hogrefe.

Klauer, K. J. (2002). Wie misst man Schulleistung? In F.E. Weinert (Hrsg.), *Leistungsmessungen an Schulen* (2. Aufl.) (S. 103-116). Weinheim, Basel: Beltz.

Klein, H. (2009). *Transparente Leistungsbeurteilung in der Sekundarstufe I – umfassend, praxisorientiert, fair*. Baltmannsweiler: Schneider.

Klieme, E. et al (2003). *Zur Entwicklung nationaler Bildungsstandards. Eine Expertise*. Bonn: BMBF.

Lichtenstein-Rother, I. (1971). *Schulleistung und Leistungsschule*. Bad Heilbrunn: Klinkhardt.

Lienert, G.A. & Raatz, U. (1998). *Testaufbau und Testanalyse*. Weinheim: Beltz.

Lissmann, U. (2000). Beurteilung und Beurteilungsprobleme bei Portfolios. In R.S. Jäger (Hrsg.), *Von der Beobachtung zur Notengebung* (S. 282-329). Landau: Empirische Pädagogik.

Lissmann, U. (2001). Die Schule braucht eine neue Pädagogische Diagnostik. Formen, Bedingungen und Möglichkeiten der Portfoliobeurteilung. *Die Deutsche Schule*, 93, 486-497.

Neuweg, G.H. (2006). *Schulische Leistungsbeurteilung. Rechtliche Grundlagen und pädagogische Hilfestellung für die Schulpraxis* (3., aktualisierte und erweiterte Aufl.). Linz: Trauner.

Nuding, A. (2006). *Beurteilen durch Beobachten. Gewinnung diagnostischer Informationen als Grundlage für Beurteilungen* (2., überarbeitete Aufl.). Baltmannsweiler: Schneider.

Paradies, L.; Linser, H.J.; & Greving, J. (2007). *Diagnostizieren, Fordern und Fördern*. Berlin: Cornelsen.

Rheinberg, F. (1980). *Leistungsbewertung und Leistungsmotivation*. Göttingen: Hogrefe.

Rheinberg, F. (2002). Bezugsnormen und schulische Leistungsbeurteilung. In Weinert, F.E. (Hrsg.), *Leistungsmessungen an Schulen* (2. Aufl.) (S. 59-72). Weinheim: Beltz.

Rosemann, B. (1984). Konstruktion und Auswertung informeller Schulleistungstests. In K.A. Heller (Hrsg.), *Leistungsdiagnostik in der Schule* (4. völlig neubearbeitete Aufl.) (S. 162-197). Bern: Huber.

Rosenthal, R. & Jacobsen, L. (1968). *Pygmalion in the classroom*. New York: Holt.

Sacher, W. (1994). *Prüfen – Beurteilen – Benoten. Theoretische Grundlagen und praktische Hilfestellungen für den Primar- und Sekundarbereich*. Bad Heilbrunn: Klinkhardt.

Sacher, W. (1999). Tests und Klausuren in der Schule. *Pädagogik*, 51 (4), 43-47.

Schlömerkemper, J. (2002). Leistungsmessung und Professionalität. In F.E. Weinert (Hrsg.), *Leistungsmessungen an Schulen* (2. Aufl.) (S. 311-321). Weinheim: Beltz.

Schrader, F.W. & Helmke, A. (2002). Alltägliche Leistungsbeurteilung. In F.E. Weinert (Hrsg.), *Leistungsmessungen an Schulen* (2. Aufl.) (S. 45-58). Weinheim: Beltz.

Schweizer, K. (Hrsg.). (2006). *Leistung und Leistungsdiagnostik*. Berlin: Springer.

Tilmann, K.J. & Vollstädt, W. (1999). Funktionen der Leistungsbewertung – eine Bestandsaufnahme. *Pädagogik*, 51 (2), 42-46.

Vogelsberger, K. (1995): Leistungsmessung zwischen Anspruch und Wirklichkeit. *Pädagogik*, 47 (3), 6-9.

Von der Groeben, A. (2009). Zensuren – oder was? Flexible Lösungen für eine alte Streitfrage. *Pädagogik*, 61 (6), 6-9.

Winter, F. (2000). Guter Unterricht zeigt sich an seinen Werken. Mit Portfolio arbeiten. *Lernende Schule*, 11 (3), 42-46.

Winter, F. (2002). Ein Instrument mit vielen Möglichkeiten – Leistungsbewertung anhand von Portfolios. In. ders.; A. von der Groeben & D. Lenzen (2002). *Leistung sehen, fördern, werten – neue Wege für die Schule* (S. 173-181). Bad Heilbrunn: Klinkhardt.

Winter, F. (2004). *Leistungsbewertung. Eine neue Lernkultur braucht einen anderen Umgang mit den Schülerleistungen.* Baltmannsweiler: Schneider.

Ziegenspeck, J. (1989). *Zensur und Zeugnis in der Schule* (3. Aufl.). Hannover: Schroedel.

Ziegenspeck, J. & Lehmann, J. (1999). *Handbuch Zensur und Zeugnis*. Bad Heilbrunn: Klinkhardt.

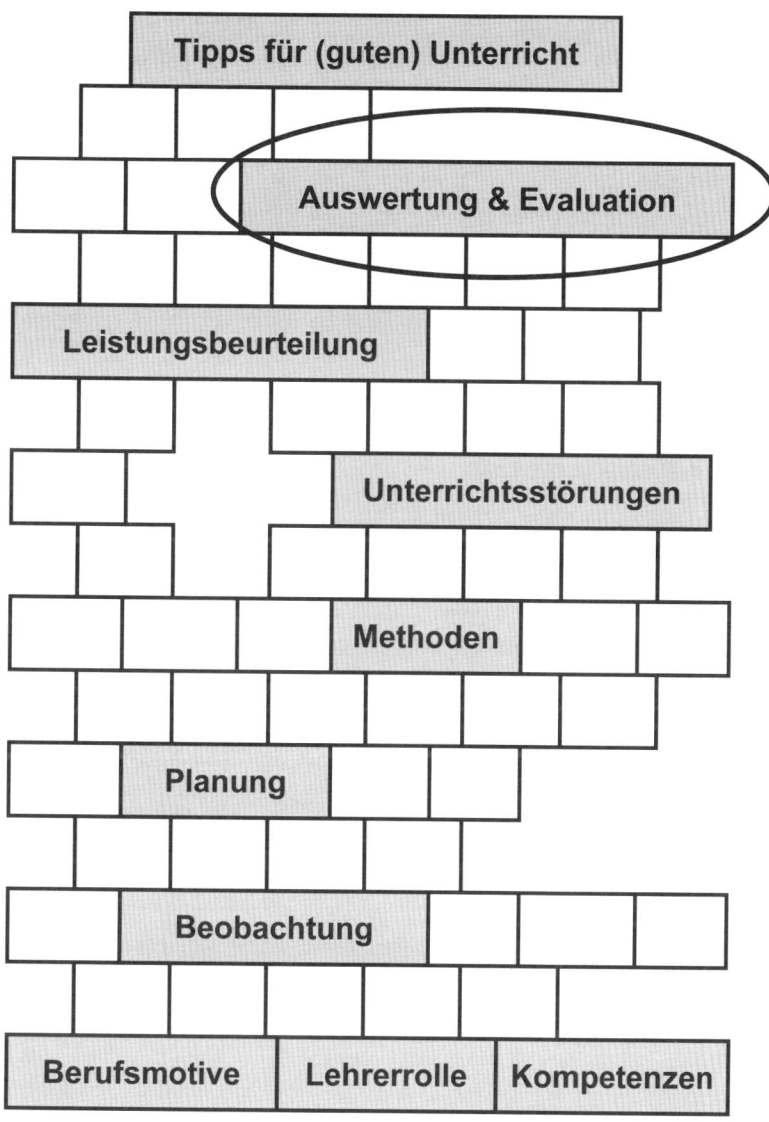

8. Unterricht auswerten & evaluieren

Die Unterrichtsauswertung stellt eine zentrale Aufgabe des Lehrers dar. Allerdings fällt bei der Durchsicht gängiger didaktischer Lehrbücher auf, dass Auswertung weit weniger differenziert dargestellt wird, als die Planung von Unterricht. In den letzten Jahren rückt allerdings die Auswertung von Unterricht, in Form von Evaluationsvorhaben, in den Fokus didaktischer Diskussionen. In diesem Kapitel erfolgt zunächst eine begriffliche Klärung (1). Anschließend werden einige mögliche Auswertungsverfahren vorgestellt und an Beispielen konkretisiert (2). Abschließend werden zentrale methodische Verfahrensweisen diskutiert, deren Kenntnis helfen kann, die eigene Unterrichtsauswertung zu optimieren (3).

8.1 Begriffsdefinitionen

Die Auswertung des Unterrichts erfolgt zumeist im Anschluss an die Unterrichtsdurchführung. Sie hat Auswirkungen auf die zukünftige Planung und Durchführung von Unterricht (Abb. 8.1.):

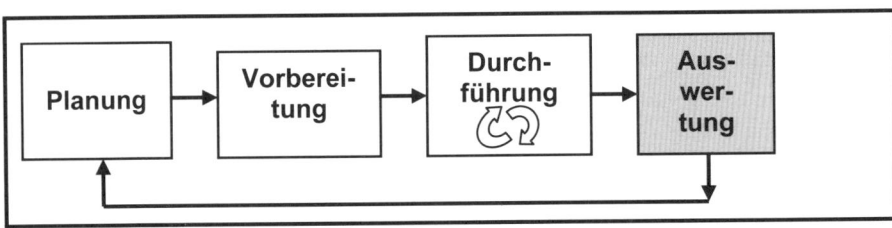

Abb. 8.1. Momente des Unterrichts[32].

In der Auswertung soll nach Peterßen (1996, S. 28 ff.) sowohl eine Lernzielkontrolle als auch eine Art Nachbesinnung erfol-

---

[32] Die beiden Pfeile im Unterrichtsmoment der ‚Durchführung' verweisen darauf, dass eine Auswertung während einer Unterrichtsstunde die Durchführung direkt verändern kann. So ist es denkbar, dass der Lehrer merkt, dass die Schüler noch Schwierigkeiten mit einem Aufgabentyp haben und, anders als ursprünglich geplant, in einem Lehrervortrag die Rechenoperation wiederholend erklärt. Ein solches Vorgehen bezeichnet Schön (1983) als „reflection-in-action".

gen. Es lassen sich nach Peterßen insgesamt drei zentrale Bereiche der Auswertung feststellen.

Lernzielkontrollen zielen auf die Überprüfung der Effektivität des gewesenen Unterrichts ab (Soll-Ist-Ver-gleich). Haben alle Schülerinnen und Schüler das angestrebte Lernziel erreicht? In welchen Bereichen gibt es Leistungsunterschiede? Wie sind die Handlungen und Produkte der Heranwachsenden zu beurteilen? Welche Note bekommt Schüler A, welche Schüler B?

In einer umfassenden Auswertung sollte allerdings, neben der Frage nach der Verwirklichung von Lernzielen, ebenso gefragt werden, wie der *Unterrichtsverlauf* gewesen ist (z.B. Waren die verwendeten Methoden angemessen?). Darüber hinaus bezieht sich die Auswertung auf die Schülerinnen und Schüler (z.B. Hat sich im Verhalten der Heranwachsenden etwas Besonderes offenbart? Gab es Unterrichtsstörungen?). Folgerichtig würde daraufhin nach eventuellen Bedingungsfaktoren gesucht (z.B. Waren die Arbeitsanweisungen eindeutig oder trugen sie zur Unterrichtsstörung bei?).

Nicht zuletzt gehört zu einer Auswertung auch immer eine *Selbst-Reflexion der Lehrkraft* (vgl. ebd.). Durch die Besinnung auf sich selbst, auf das was er getan und empfunden hat, bewältigt ein Lehrer seine eigene Situation (Wie habe ich die Unterrichtsatmosphäre wahrgenommen? Worauf ist das zurückzuführen?). Mit den Antworten auf solche Fragen werden die Weichen für die weiteren Unterrichtsstunden gestellt.

Becker (2007) unterscheidet ebenfalls zwischen der Auswertung der *Lernleistung* (vgl. Kap. 7 zur Leistungsbeurteilung und –benotung) und der *Lehrleistung*.

Wichtig für die begriffliche Einordnung ist darüber hinaus die Frage, wer die Unterrichtsauswertung durchführt. Im Verständnis von Peterßen wird Unterrichtsauswertung vor allem vom Lehrer durchgeführt. In anderen Publikationen wird dagegen auf die Bedeutung der Einbeziehung der Schüler hingewiesen. So fordert Meyer (1993, S. 373) das die Auswertung so weit wie möglich von Lehrer und Schüler gemeinsam durchgeführt wird. Meyer schlägt folgende Definition (ebd.) vor:

> **„Unterrichtsauswertung** ist die gemeinsame Veröffentlichung der Lernerfahrungen von Schülern und Lehrern."

Heute wird häufiger bei der Diskussion über Auswertung von Unterricht der Begriff der ‚Evaluation' verwendet. Allgemein definiert (1994) das Joint Committee Evaluation als *„systematische Untersuchung des Wertes und Nutzens eines Gegenstandes"* (vgl. Burkard, 1995, S. 32)[33]. Für den Schulbereich scheint ein solches Begriffsverständnis allerdings etwas zu weit gefasst, da in der Schule ja nicht nur Gegenstände, sondern z.B. auch Verhaltensweisen, Gefühlslagen oder Programme untersucht bzw. bewertet werden sollen. Maritzen (1996, S. 27) definiert daher für den Schulbereich den Begriff folgendermaßen:

> **„Evaluation** ist die systematische Sammlung, kriterienorientierte Aus- und Bewertung von ‚Daten' über Dokumente, Handlungen, Personen zum Zwecke weiterer Entscheidungen."

In dieser Definition werden die Hauptunterschiede von *Evaluation* und bloßem Nachdenken über Unterricht im Sinne einer *Selbstreflexion* deutlich. So ist eine Evaluation immer ein *systematischer, zielgerichteter* und *dokumentierter* Prozess.

---

[33] In einer solchen Definition wird die begriffliche Nähe zum Auswertungsbegriff erkennbar und lässt sich etymologisch begründen. Das Verb ‚evaluieren', nach Kluge (2002, S. 263) entlehnt aus dem Französischen (èvaluer = wert sein, kräftig sein), bedeutet soviel wie: bewerten und beurteilen.

Die Evaluationsforschung findet in Deutschland, anders als im angelsächsischen Sprachraum, erst seit den siebziger Jahren in den Erziehungswissenschaften stärkere Beachtung[34]. Die folgende Abbildung versucht die wesentlichen unterrichtsrelevanten Auswertungsformen zusammenzufassen.

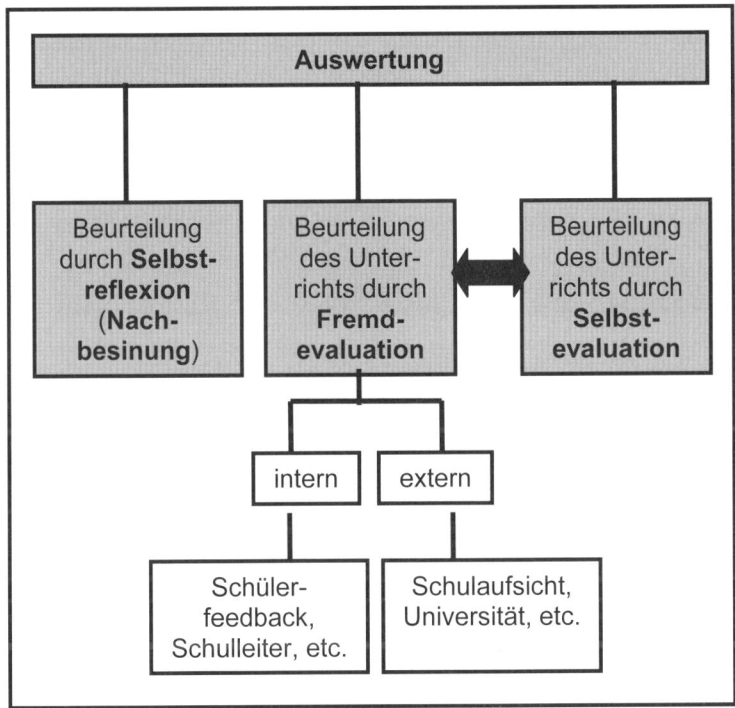

Abb. 8.2. Formen der Unterrichtsauswertung.

Die Abbildung verdeutlicht die Vielfalt der verschiedenen Formen des Auswertens. Dabei werden zwei besondere Auswertungsverfahren ausgeklammert. Zum einen spezielle Beurteilungsverfahren der Lernleistung der Schüler (z.B. die PISA-Studie). Zum anderen Unterrichtsauswertungen, die nur die Leistung des Lehrers (etwa bei Beförderungen) berücksichti-

---

[34] Mittlerweile hat sich in Deutschland in der Erziehungswissenschaft eine eigene Evaluationsforschung etabliert. Allerdings sehen einige Autoren (vgl. Bortz & Döring, 1995, S. 100) die Evaluationsforschung nicht als eigenständige Disziplin, sondern ordnen sie dem Bereich der empirischen Sozialforschung unter.

gen. Der Begriff der Fremdevaluation bedeutet nach Altrichter, Messner & Posch (2004, S. 20) die Überprüfung durch andere Personen oder Instanzen. Bei Selbstevaluation untersuchen Personen, Gruppen oder Institutionen (z.B. eine einzelne Schule) ihre eigene Tätigkeit.

Die Autoren (ebd., S.21) räumen allerdings ein, dass auch Selbstevaluationen durchaus Daten anderer Quellen heranziehen, z. B. statistische Daten, Schülerbefragungen, Unterrichtsbeobachtungen durch Dritte, etc. und sehen keine klare Grenze zwischen Selbst- und Fremdevaluation. Diese Überschneidung ist in der Abbildung (8.2) durch den Pfeil zwischen der Evaluation des Lehrers (Selbstevaluation) und der Fremdevaluation verdeutlicht.[35] Dagegen bezeichnet eine *Selbstreflexion* in Form einer *Nachbesinnung* lediglich das Nachdenken des Lehrers über den eigenen Unterricht. Im Folgenden werden die drei hier skizzierten Auswertungsarten genauer dargelegt.

8.2 Auswertungsformen

Wie im vorherigen Kapitel verdeutlicht, gibt es unterschiedliche Formen der Auswertung schulischer Lehr- und Lernprozesse. Einige wesentliche Formen werden im Folgenden genauer dargestellt und mithilfe alltäglicher Beispiele verdeutlicht.

Selbstreflexion bzw. ‚Nachbesinnung'

Die Selbstreflexion ist die Auswertungsform, die im Unterrichtsalltag sicherlich am häufigsten vorkommt. Lässt sich doch jedes Nachdenken über Unterricht bzw. jedes informelle Gespräch über das Erleben der eigenen Unterrichtsrealität als Selbstreflexion beschreiben. Dazu zunächst ein Beispiel:

---

[35] Einige Autoren setzen Selbstevaluation mit interner und Fremdevaluation mit externer Evaluation gleich, was m. E. aber nicht ganz trennscharf alle Evaluationsarten abbilden kann (vgl. zur externen Evaluation z.B. Burkard, 1997).

Deutschlehrer T. sitzt im Auto und ist nach seinem Schultag auf dem Weg nach Hause. Bei der Fahrt gehen ihm noch einmal einzelne Ereignisse durch den Kopf. Zunächst denkt er an die ersten beiden Stunden in der 9b. Eigentlich ist er mit der Stunde ganz zufrieden, aber am Ende wurde die Zeit wieder etwas knapp und Herr T. befürchtet, dass die Erteilung der Hausaufgabe während des Schellens am Ende der Stunde etwas untergegangen ist. Er nimmt sich vor, in Zukunft stärker darauf zu achten, die Hausaufgabe frühzeitig anzukündigen und zu visualisieren.

In dem Beispiel wird deutlich, in welcher Weise die ‚Nachbesinnung' die zukünftige Planung und Durchführung von Herrn T. verändern wird bzw. könnte. Ohne den Wert einer ‚Nachbesinnung' zu schmälern, sei darauf hingewiesen, dass ein entscheidender Nachteil in fehlender Verbindlichkeit gesehen werden muss. Sehr häufig werden aufgrund der Fülle von Eindrücken, die ein Lehrer im Laufe einer Schulwoche erlebt, viele Aspekte von Selbstreflexionen, wie der von Herrn T., wieder in Vergessenheit geraten. Aus diesem Grund ist eine Evaluation eine differenziertere Auswertungsart.

Selbstevaluation

Bezogen auf die Schule definiert Eickenbusch (1997, S.7) den Begriff folgendermaßen:

> **„Selbstevaluation** ist ein systematischer, kontinuierlicher Lern- und Arbeitsprozess, in dem vor Ort Informationen und Daten über das Lernen, den Unterricht und die Schule gesammelt werden, um aus ihnen Erkenntnisse zu gewinnen und sie begründet zu bewerten. Dies dient der Selbstreflexion über die Arbeit, der Schulentwicklung, der Beteiligung von Betroffenen oder für Selbstkontrolle und Rechenschaft."

In der Definition werden der hohe Anspruch und der Aufwand eines Evaluationsvorhabens deutlich. Nach der eingangs formulierten Begriffsbestimmung muss eine Evaluation *systematisch, zielgerichtet* und *dokumentiert* sein. Ein Evaluationsvorhaben bedarf genauer Planungsüberlegungen. Am wichtigsten erscheint dabei zunächst die Zielformulierung. Des Weiteren müssen Evaluationskriterien sowie die einzelnen Schritte festgelegt werden (vgl. Tab. 8.3.).

Tab. 8.3. *Leitfragen einer Evaluation (nach Altrichter, Messner & Posch, 2004, S.54).*

	Leitfrage
1.	*Was?* Welche Aspekte der gegenwärtigen schulischen Arbeit und welche in die zukünftige Arbeit weisende Entwicklungsthemen sollen genau evaluiert werden?
2.	*Warum?* Aus welchen Gründen soll eine schulische Selbstevaluation durchgeführt werden und welche Erwartungen soll sie erfüllen? Wohin soll das ganze führen?
3.	*Welche Evaluationskriterien?* Nach welchen Kriterien sollen die – zu den einzelnen Evaluationsthemen erhobenen – Informationen bewertet werden?
4.	*Wie?* In welchen Schritten wollen wir die Evaluation durchführen? Wer ist wofür verantwortlich? Welche Strategien und Methoden sollen eingesetzt werden?

Zur Veranschaulichung ein weiteres Beispiel:

> *Lehrer F. hat seit fünf Jahren eine Planstelle an einem Gymnasium. Nach der üblichen Hektik zum Berufsstart hat Herr F. nun erste Routinen entwickelt und möchte punktuell seine Kompetenzen erweitern. Als eine Art ‚Altlast' sieht Lehrer F. seine Tafelbilder, die ihm in der Entstehung z.T. etwas konfus vorkommen und häufig nicht besonders ordentlich erstellt werden ...*

Lehrer F. möchte also seine Tafelbilder evaluieren (Was?), um die Qualität zu verbessern (Warum?). Dies möchte er auf der Grundlage vorher festgelegter Kriterien, die er aus didaktischer Literatur erarbeitet (Welche Evaluationskriterien?). Lehrer F. plant die eigenen Tafelbilder zu fotografieren und diese anhand der Kriterien auszuwerten (Wie?). In diesem Evaluationsvorhaben wird die Bedeutung der festgelegten Evaluationskriterien deutlich. Lehrer F. hat z.B. folgende Kriterien zum Umgang mit der Tafel herausgearbeitet (vgl. Bühs 2003, Gudjons 2007):

- Das Tafelbild sollte (wenn möglich) vor den Augen der Schüler entstehen.
- Das Tafelbild sollte für alle Schüler gleich gut zu lesen sein.
- Bei der Arbeit an der Tafel sollten Störungen des Unterrichtsprozesses vermieden werden.
- Das Abschreiben des Tafeltextes sollte verbindlich geregelt werden.
- Ein Tafelbild enthält u.a. eine Überschrift, eine Hervorhebung zentraler Begriffe, eine deutliche Gliederung, Beschriftungen von Skizzen.

Die erarbeiteten Kriterien lassen sich nur zum Teil durch das Fotografieren der Tafelbilder evaluieren (Kriterium 2 und 5). Zur Evaluation der anderen Aspekte müssen weitere Evaluationsschritte begangen bzw. weitere Daten erhoben werden. So plant Lehrer F. im Anschluss an seine Stunden besondere Auffälligkeiten des Unterrichtsgeschehens während der Tafelarbeit in einem ‚Tafeltagebuch' zu verschriftlichen. In diesem Beispiel werden die Chancen einer Selbstevaluation ebenso deutlich, wie die Grenzen. Zwar ist es wünschenswert, dass Lehrer immer wieder Aspekte ihrer schulischen Arbeit evaluieren bzw. auswerten und somit ihre Unterrichtstätigkeit optimieren. Allerdings besteht bei der Selbstevaluation die Gefahr, dass bestimmte Aspekte, vielleicht auch unbewusst, ausgeblendet werden. Hilfreich ist es daher in jedem Fall, Vorhaben der Selbstevaluation durch Fremdevaluation zu ergänzen.

Fremdevaluation

Eine Fremdevaluation liegt immer dann vor, wenn andere Personen als der Lehrer das Unterrichtsgeschehen evaluieren (z.B. Schüler, Kollegen, Eltern, Schulleiter, Studenten)[36]. Bezogen auf das oben skizzierte Beispiel, wäre es denkbar, dass Lehrer F. in Zusammenarbeit mit einem Kollegen, einzelne Stunden mit der Videokamera filmt. Die Auswertung der Videos in der kollegialen Kooperation könnte eine systematische Evaluation erleichtern. Des Weiteren könnten die Schüler, im Rahmen eines so genannten *Schülerfeedbacks*, mit einbezogen werden[37]. Vereinfacht ausgedrückt bedeutet Feedback so viel wie Rückfütterung bzw. Rückmeldung. Meyer sieht (2003, S. 41) im Einholen von Schülerfeedbacks ein zentrales Merkmal guten Unterrichts (vgl. Kap. 9). Darüber hinaus stellt eine Offenlegung von Schüleransichten einen Teil der Qualitätssicherung und -verbesserung schulischer Lehr- und Lernprozesse dar (vgl. Burkard & Eikenbusch, 2000). Dementsprechend geht es nicht

---

[36] Im weiteren Verlauf des Kapitels steht vor allem die Fremdevaluation im Mittelpunkt, die auf Initiative des unterrichtenden Lehrers erfolgt. Fremdevaluationen durch Schulleiter oder Schulaufsicht, etwa aufgrund einer möglichen Beförderung oder Überprüfung, unterliegen ganz anderen Regeln und haben mit der alltäglichen Unterrichtsauswertung nur wenig zu tun.

[37] Das Schülerfeedback stellt eine Sonderform der Evaluation dar, da die Schüler Teil der zu evaluierenden Realität und somit nicht direkt ‚fremde' Personen' sind.

darum Lehrer oder Schüler zu benoten, sondern darum, die Qualität schulischer Lernprozesse zu verbessern. Dazu müssen bestimmte Voraussetzungen gegeben sein. Die wichtigste Voraussetzung ist sicherlich die Kritikfähigkeit des Lehrers, denn wer Schülerrückmeldungen einfordert muss damit rechnen, dass nicht nur positive Aspekte zur Sprache kommen.

Es gibt verschiedene Arten von Schülerfeedbacks, eine Möglichkeit ist es, bereits publizierte Feedbackbögen zu nutzen (vgl. Tabelle 8.4.).

Tab. 8.4. *Stellungnahme zum Unterricht durch Schülerinnen und Schüler (nach Müller, 2000, S. 61).*

Feedbackbogen zum Unterricht				
Eine offene, faire und regelmäßige Rückmeldung an die Lehrer über ihren Unterricht soll […] zwischenmenschliche Hindernisse abbauen und verhindern, dass wir Frust in uns hinunterschlucken, bis wir uns nur noch mit Klagen helfen können. Aber eine schriftliche Befragung kann nie das Gespräch ersetzen, sondern soll dazu anregen. Deshalb erhaltet ihr die betreffenden Resultate der Umfrage zurück und wir reden darüber. *Bitte die unten ausgeführten Aussagen nach folgendem System bewerten: 1 = trifft immer zu, 2 = trifft oft zu, 3 = trifft selten zu, 4 = trifft nie zu.*				
Der Lehrer	1	2	3	4
1. hat Ahnung von seinem Fach.				
2. kann den Stoff anschaulich vermitteln.				
3. beteiligt Schüler an Entscheidungen.				
4. ist freundlich und geduldig.				
5. geht auf die Schüler ein.				
6. fördert selbstständiges Denken und Arbeiten.				
7. lässt Kritik zu und geht darauf ein.				
8. achtet auf ein ruhiges Arbeitsklima.				
9. informiert über seine Unterrichtsziele.				
10. überprüft, ob die Ziele erreicht wurden.				

Es handelt sich hier um einen Fragebogen mit geschlossenen Fragen (vgl. Kap. 8.3). In der Erläuterung für die Schüler wird eine wichtige Voraussetzung für einen gelungenen Umgang mit Schülerfeedbacks genannt. Der Lehrer weist daraufhin, dass die Ergebnisse der Befragung in einem Gespräch thematisiert werden. Ich halte diesen Aspekt für ein wesentliches Qualitätsmerkmal von Evaluation durch Schülerfeedbacks. Für Schüler ist es nicht nachvollziehbar, wenn sie z.B. zum Schuljahresende einen Evaluationsbogen ausfüllen und dann nichts weiter darüber hören. Dazu ein weiteres Beispiel:

Das Schulhalbjahr geht bald zu Ende und Lehrer B. möchte den Unterricht in seinem 12er Deutschkurs evaluieren. Er bittet die Schüler zu Beginn einer Stunde ihm drei Fragen zum abgelaufenen Unterricht schriftlich zu beantworten:

- Was war gut?
- Was war weniger gut?
- Was sollte verändert werden?

Bevor die Schüler die drei offenen Fragen beantworten, verweist Lehrer B. darauf, dass die Befragung anonym ist und mit den Daten sehr sorgfältig umgegangen wird.

Lehrer B. wertet die Schülerrückmeldungen zu Hause aus und fasst die Ergebnisse zu einzelnen Kategorien[38] zusammen. Er stellt diese Kategorien auf einer Folie zusammen (vgl. Tabelle 8.5.).

---

[38] Eine Kategorie ist vereinfacht die Zusammenfassung etwa einer Aussage in einem Begriff. Das Ziel einer Kategorisierung ist immer die Reduktion des erhobenen Textmaterials. Formen der Kategorisierung kommen häufig in der so genannten qualitativen Forschung zum Einsatz (vgl. genauer Flick, 1999).

Tab. 8.5. *Beispiel für die Auswertung einer offenen Schülerbefragung.*

Was war gut?	Was weniger gut war?
Beurteilung: • Erwartungshorizont der Klausur (11) • Transparenz der SoMi-Note (5) • Möglichkeiten der freiwilligen Zusatzleistungen (2)	**Beurteilung: Sonstige Mitarbeit** • Nicht nur Meldungen die dran kamen bewerten (4) • Es werden nur die drangenommen, die sich sowieso oft melden bzw. die gleichen Leute (2) • Man wird auch beim langen Melden nicht drangenommen • Einige viel zu gut, andere viel zu schlecht bewertet werden
Arbeitsklima (7) • dass Wert darauf gelegt wird, dass niemand reinquatscht (7) • Umgangston (5)	
Unterrichtsgestaltung	
• Verständliche Themenerarbeitung (17) • Diskussionen und Unterrichts - gespräche (17) • Tafelbilder und Zusammenfassungen (14) • Genaue Textbesprechung (8) • Arbeitsmaterialien (gelocht) (4) • Fragenbeantwortung (3) • Film (3) • Hausaufgabenbesprechung (3) • Hausaufgabenkontrolle (3)	• Keine Gruppenarbeit (6) • viele Texte / Materialien (4) • z. T. sich wiederholende Unterrichtsbeiträge (3) • Sehr theoretisch (3) • Film wurde nicht richtig aufgearbeitet (2) • Es wird häufig nur eine Hausaufgabe angehört (2) • Besser geplante/ organisierte Klausurvorbereitung
Vorschläge: • mehr Gruppenarbeit (7) • mehr Diskussionen (6) • Kurs verkleinern	

Anhand der Ergebnisse kann der Lehrer einschätzen, welche Aspekte die Schüler positiv bewerten. Die Zahlen in Klammern markieren die Anzahl der Nennungen. Als Konsequenz kann der Lehrer z.B. die Methode offener Unterrichtsgespräche und Zusammenfassungen an der Tafel beibehalten. Zu Beginn des zweiten Halbjahres wird diese Folie in einer Unterrichtsstunde thematisiert. Die Schüler haben Gelegenheit, einzelne Punkte näher auszuführen. Der Lehrer kann eine eigene Stellungnahme abgeben. So könnte beispielsweise gemeinsam überlegt werden, in welcher Weise in Zukunft Gruppenunterricht eingesetzt wird, da die Evaluation dazu ein konträres Bild ergeben hat.

8.3 Evaluationsverfahren

Bei der Erhebung relevanter Daten stehen für die Evaluation von Unterricht im Grunde alle wissenschaftlichen Forschungsmethoden zur Verfügung. Dabei kann man wissenschaftliche Methoden allgemein definieren, als systematisch geplante Vorgehensweisen oder Verfahren, um Wissen über einen Bereich zu gewinnen (Tschamler, 1996).

In der Literatur wird zumeist zwischen *geisteswissenschaftlichen* bzw. *hermeneutischen*[39] und *naturwissenschaftlichen* bzw. *empirischen*[40] Methoden unterschieden (vgl. Roth, 2001). Aus dem Bereich der empirischen Forschung lassen sich fünf zentrale Methoden unterscheiden (vgl. genauer z.B. Bortz & Döring, 1999; Diekmann, 2005, Pfeiffer & Püttmann, 2006):

- *Befragung* (= Technik zur Erfassung von Daten mithilfe der Beantwortung von Fragen).

- *Beobachtung* (= die gezielte und geplante Wahrnehmung und Erfassung eines bestimmten Teilbereiches der Wirklichkeit).

---

[39] Der Begriff Hermeneutik leitet sich ab vom griechischen „hermeneuein" (= aussagen, auslegen, übersehen) und verweist auf eine Wissenschaft, die sich mit der Auslegung (z.B. von Texte) befasst, ohne darauf beschränkt zu sein (vgl. genauer Lamnek, 2005, S. 59 ff.; Jung, 2007)

[40] Unter empirischer Forschung versteht man die systematische Auswertung von Erfahrungen, um dadurch zu neuen Erkenntnissen zu gelangen („empirisch" aus dem Griechischen für „auf Erfahrung beruhend") (vgl. genauer Bortz & Döring, 1995, S.2).

- *Experiment* (= absichtliches und planmäßiges Herbeifüh-
  ren eines Vorganges zur gezielten Beobachtung).
- *Test* (= Messverfahren zur Feststellung der individuellen
  Ausprägung eines Merkmals).
- *Inhaltsanalyse* (= Datengewinnung aus zumeist schriftlichen Materialien auf deren Produktion der Forscher keinen Einfluss hatte[41]).

Die letzten drei möglichen Methoden werden in der Evaluation
bzw. Unterrichtsauswertung eine eher untergeordnete Rolle
spielen. Tests und Experimente sind nur mit sehr großem Aufwand umzusetzen und z.T. in der Schule aus rechtlichen bzw.
ethischen Gründen nur schwer zu realisieren.

Inhaltsanalytische Verfahren sind ebenso eher unbedeutend,
da Lehrer nur schwer an solche Textquellen (z.B. Tagebücher)
herankommen.

Somit verbleiben als gängige Evaluationsmethoden die Beobachtung und die Befragung. Da Formen der Unterrichtsbeo-
bachtung bereits in Kapitel 3 thematisiert wurden, wird im Folgenden lediglich die Befragung genauer dargestellt.

Roth (2001, S. 62) unterscheidet zwischen mündlicher Befragung (Interviews) und schriftlicher Befragung, die in der Regel
durch einen Fragebogen erfolgt.

Ein Interview lässt sich systematisch nur erheben, wenn es per
Tonaufnahme mitgeschnitten und anschließend verschriftlicht
wird. In der Schule wird dies im Rahmen von Evaluationsvorhaben durch einzelne Lehrer aufgrund des großen Aufwandes nur
selten zum Einsatz kommen. Bedeutsamer erscheinen *Fragebögen* zu sein.

Allgemein lässt sich zwischen einer Befragung mit *offenen* und
einer mit *geschlossenen Fragen* (vgl. Beispiele in 8.2) unterscheiden. Mit geschlossenen Fragen können viele Schüler be-
fragt werden, da das Ausfüllen und Auswerten relativ schnell

---

[41] Die Definition ist nicht ganz trennscharf. So werden unter Inhaltsanalysen
auch die Auswertung von offenen Fragebögen bzw. Interviews verstanden
(vgl. genauer Merten, 1983). Ein solches Vorgehen hat z.B. Lehrer B. (Kap.
8.2) gewählt.

ablaufen kann[42]. Offene Fragen haben dagegen den Vorteil, authentische Antworten mit mehr Hintergrundinformationen zu erhalten. Die Auswertung ist allerdings schwieriger und zeitaufwändiger. Die Lehrer sollten nach Möglichkeit über gewisse Grundkenntnisse der qualitativen Inhaltsanalyse verfügen (vgl. z.B. Mayring, 2000; 2003).

Bei beiden Frageformen ist die Erstellung eines geeigneten Fragebogens für Laien schwierig (vgl. Altrichter, Messner & Posch, 2004, S. 154). Eine sehr praxisorientierte Einführung in die Gestaltung von Fragebögen bieten Kirchhoff, Kuhnt, Lipp & Schlawin (2006). Hinweise zu Besonderheiten bei der Befragung von Kindern und Jugendlichen finden sich bei Heinzel (2000).

Die in diesem Kapitel vorgestellten Aspekte wissenschaftlicher Forschung wirken eventuell auf manche Leser, die sich für systematische Unterrichtsauswertung interessieren abschreckend. Hier kann aber m. E. das Prinzip gelten, lieber kleine Schritte, als gar keine Bewegung, denn Evaluationsvorhaben nehmen eine eigentümliche Position zwischen Wissenschaft und Praxis ein.

Zwar fordern einige Autoren (vgl. z.B. Wottawa & Thierau, 1998, S. 36), dass Evaluation immer streng wissenschaftlichen Ansprüchen genügen muss, verkennen dabei allerdings, dass dann pädagogische Evaluationsforschung nur von externen Forschungsinstituten durchgeführt werden kann. Es ist gerade das besondere Kennzeichen von Evaluationsbemühungen, dass sie auch, quasi im kleinen Rahmen, von Heranwachsenden und Lehrkraft betrieben werden können. Sicherlich ist es wünschenswert, wenn die Personen, die eine Evaluation durchführen, fundierte Kenntnisse der empirischen Sozialforschung besitzen, voraussetzen lässt sich das allerdings nicht.

---

[42] Für die Erstellung und Auswertung eines Fragebogens mit geschlossenen Fragen bietet die Bundeszentrale für politische Bildung mit der Software GrafStat ein vergleichsweise einfach verwendbares Instrumentarium: (verfügbar über http://www.bpb.de/die_bpb/G72T9K,0,0,Einf%FCh rung_in_ GrafStat.html).

Gerade interne Evaluationsbemühungen können aufgrund fehlender (zeitlicher) Ressourcen nicht so ablaufen wie universitäre Studien. Gleichwohl schließen sich die beiden Kriterien „Wissenschaftlichkeit" und „Praktikabilität" bzw. „Ökonomie" m. E. keineswegs gegenseitig aus.

Literaturverzeichnis

Altrichter, H./Messner, E. & Posch, P. (2004). *Schulen evaluieren sich selbst: Ein Leitfaden*. Seelze: Kallmeyer.

Becker, G. E. (2007). *Unterricht auswerten und beurteilen*. Weinheim: Beltz.

Bortz, J. & Döring, N. (1995). *Forschungsmethoden und Evaluation*. (2., vollst. überarbeite Auflage). Berlin: Springer.

Bühs, R. (2003). *Tafelzeichnen kann man lernen*. Hamburg: Bergmann & Helbig.

Burkard, C. (1995). Evaluation in der Fortbildungsmaßnahme „Schulentwicklung und Schulaufsicht". In Landesinstitut für Schule und Weiterbildung (Hrsg.), *Evaluation und Schulentwicklung* (S. 27-63). Soest: Kettler.

Burkard C. (1997). Externe Evaluation: Rückenwind oder Motivationskiller? In: *Pädagogik*, 49 (5), 10-15.

Burkard, C. & Eikenbusch, G. (2000). *Praxishandbuch Evaluation in der Schule*. Berlin: Cornelsen.

Diekmann, A. (2005). *Empirische Sozialforschung. Grundlagen, Methoden, Anwendungen* (13. Aufl.). Reinbek: Rowohlt.

Eikenbusch, G. (1997). Der kleine Methoden-Koffer: Evaluation kann man nicht einfach nachmachen – Man muss sie aber auch nicht jedes Mal neu erfinden. *Pädagogik*, 49 (5), 30-34.

Flick, U. (1999). *Qualitative Forschung. Theorie, Methode, Anwendung in Psychologie und Sozialwissenschaft* (4. Aufl.). Reinbek: Rowohlt.

Gudjons, H. (2007). *Frontalunterricht – neu entdeckt. Integration in offene Unterrichtsformen*. Bad Heilbrunn: Klinkhardt.

Heinzel, F. (Hrsg.) (2000). *Methoden der Kindheitsforschung. Ein Überblick über Forschungszugänge zur kindlichen Perspektive*. Weinheim: Juventa.

Jung, M. (2007). *Hermeneutik zur Einführung*. Hamburg: Junius.

Kirchhoff, S., Kuhnt, S., Lipp, P. & Schlawin , S. (2006). *Der Fragebogen. Datenbasis, Konstruktion und Auswertung* (3., überarbeitete Aufl.). Wiesbaden: VS Verlag.

Kluge, F. (2002). *Etymologysches Wörterbuch der deutschen Sprache* (24., durchgesehene und erweiterte Auflage:Berlin: de Gruyter.

177

Lamnek, S. (2005). *Qualitative Sozialforschung* (4. vollständig über- arbeitete Aufl.). Weinheim: Beltz.

Maritzen, N. (1996). Sich selbst und anderen Rechenschaft geben. Qualitätssicherung durch Evaluation. *Pädagogik,* 48 (1), 25- 29.

Merten, K. (1983). *Inhaltsanalyse. Einführung in Theorie, Methode und Praxis.* Opladen: Westdeutscher Verlag.

Mayring, P. (2000). *Qualitative Inhaltsanalyse. Grundfragen und Techniken* (7. Aufl.). Weinheim: Beltz.

Mayring, P. (2003). *Einführung in die Qualitative Sozialforschung.* Weinheim: Beltz.

Meyer, H. (1993). *Leitfaden zur Unterrichtsvorbereitung* (12. Aufl.). Berlin: Cornelsen.

Meyer, H. (2003). Zehn Merkmale guten Unterrichts. *Pädagogik,* 55 (10), 36-43.

Müller, S. (2000). Evaluation von Unterricht – Auswerten zusammen mit Schülerinnen und Schülern. In W. Böttcher & E. Philipp (Hrsg.), *Mit Schülern Unterricht und Schule entwickeln* (S. 52- 71). Weinheim: Beltz.

Pfeiffer, D. & Püttmann, C. (2006). *Methoden empirischer Forschung in der Erziehungswissenschaft. Ein einführendes Lehrbuch.* Baltmannsweiler: Schneider.

Peterßen, W.H. (1996): *Handbuch Unterrichtsplanung. Grundfragen, Modelle, Stufen, Dimensionen* (7., überarbeitete und erweiter- te Auflage). München: Ehrenwirth.

Roth, L. (2005). Forschungsmethoden in der Erziehungswissen- schaft. In ders. (Hrsg.), *Pädagogik. Handbuch für Studium und Praxis* (S. 43-80). München: Oldenbourg.

Schön, D. A. (1983). *The Reflective Practitioner.* London: Temple Smith.

Tschamler, H. (1996). *Wissenschaftstheorie* (3. Aufl.). Bad Heilbrunn: Klinkhardt.

Wottawa, H. & Thierau, H. (1990): *Lehrbuch Evaluation.* Bern: Huber.

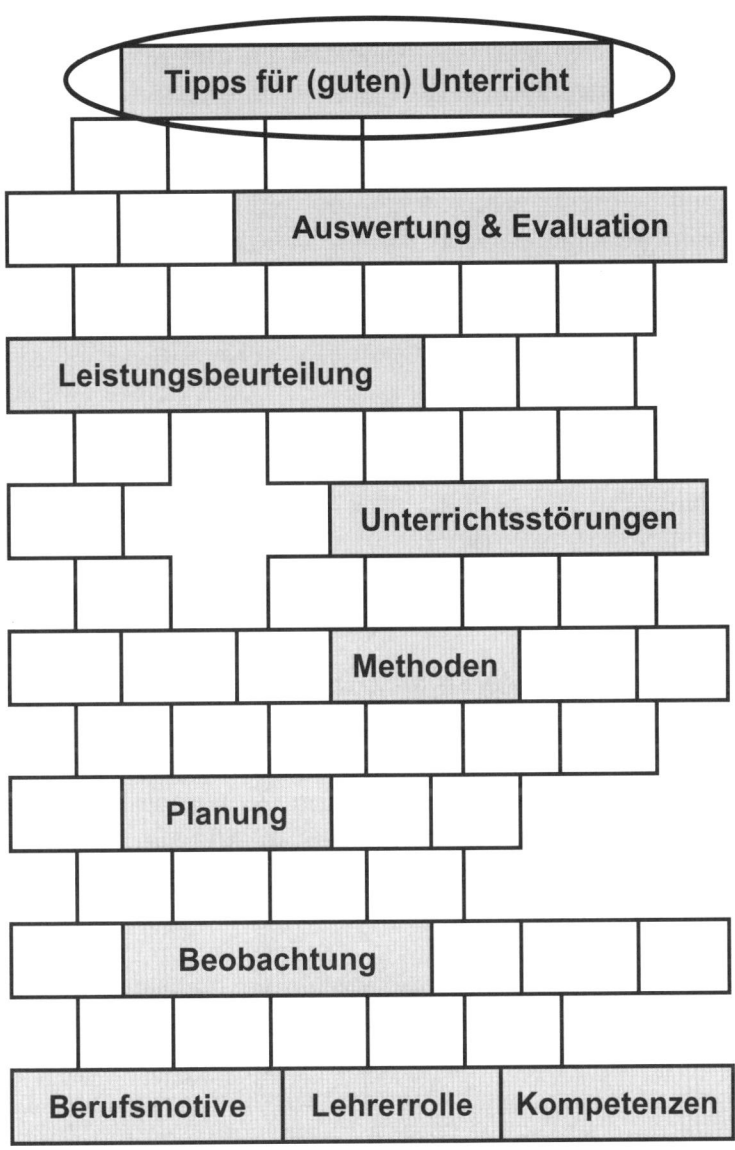

9. Merkmale guten Unterrichts

Die Frage nach einem guten Unterricht beschäftigt seit jeher die Lehrer an den Schulen, die Ausbilder an den Studienseminaren und die Schulforscher an den Universitäten. In den letzten Jahren hat die Diskussion um die Merkmale eines guten Unterrichts aufgrund der Fortschritte der empirischen Unterrichtsforschung eine neue Dynamik erhalten.

In diesem abschließenden Kapitel werden einige zentrale Ansätze zur Unterrichtsqualität vorgestellt. Zunächst werden dazu einige begriffliche Klärungen vorgenommen, da die Lektüre der Ansätze sonst zu Fehldeutungen führen könnte (1).

Anschließend werden einzelne m. E. bedeutsame Ansätze zur Unterrichtsqualität dargestellt. Die Arbeiten von Brophy & Good stehen dabei am Anfang (2), da ihre Arbeit von 1986 als Beginn der verstärkten empirischen Bemühungen um Qualitätsmerkmale angesehen werden kann. Dem folgt das QuAIT-Modell von Slavin mit seiner Erweiterung von Ditton (3). Den Abschluss bildet der Dekalog von Meyer (4).

9.1 Grundbegriffe: Merkmale, Kriterien, Rezepte

Die Thematisierung von einfachen Handlungsanweisungen für Lehrkräfte ist sowohl in der Allgemeinen Didaktik, als auch in den Fachdidaktiken höchst umstritten. Zu komplex erscheint dafür das unterrichtliche Geschehen. Blankertz sieht (2000, S. 18) daher Versuche der Formulierung einer Art ,normativen Didaktik' als ein sinnloses Unterfangen an.

Gleichwohl besteht gerade bei Anfängern im Lehrerberuf ein großer Bedarf nach einfachen Antworten, wie sich ein für alle Beteiligten ,guter' Unterricht gestalten lässt. Meyer fordert daher (1993, S. 27 ff.) einen differenzierten Umgang mit so genannten *Rezepten* und formuliert in neun Kategorien insgesamt 133 Rezepte für den Unterricht. Grell & Grell (1999) gehen noch einen Schritt weiter. Die Autoren sprechen sich deutlich für die Nutzung von Rezepten im Unterricht aus und schlagen u. a. ein rezeptartiges Stundenmodell in neun Phasen vor.

Der *Rezeptbegriff* erscheint heute in der didaktischen Diskussion allein schon durch seine Wortbedeutung überholt. Das aus der Medizin stammende Wort *Rezept* (von lat.: *recipe* „nimm" [des Arztes], sowie das darauf folgende *receptus* „erhalten" [des Apothekers]) lässt den Eindruck entstehen, dass ein bestimmtes Unterrichtsrezept (z.B. das humorvolle Auftreten des Lehrer) immer zu einem Ergebnis (hier etwa eine bessere Motivationslage der Lernenden) führt.

In neueren Publikationen zu einfachen Handlungsanweisungen taucht der Rezeptbegriff nur noch selten auf. Eher werden Rituale dargestellt, die das Unterrichten erleichtern sollen (Groeben von der, 2000; Kaiser, 2003).

Allgemein betrachtet, sind *Rituale* besondere sozial gestaltete situative und aktionale Ausdrucksformen von Kultur. Sie sind geschlossene Erlebnisse, die durch wiederholende Handlungen, einen erkennbaren szenischen Aufwand und eine Aufmerksamkeit für Details im Ablaufgeschehen wie auch der räumlichen Kontextgestaltung eines *Rituals* zum Ausdruck kommen (z.B. wenn der Lehrer den Finger an den Mund legt, sind die Schüler leise, da es dem Lehrer anscheinend zu laut geworden ist). Das *Ritual* stiftet einen gemeinsamen Bezugspunkt, der die Teilnehmenden als Einheit zusammenfasst, die aus der Sicht der jeweiligen Ritualisten unverzichtbar sind. Sie haben eine interaktive Dimension und einen symbolischen Charakter. Ein *Ritual* kann sowohl verbal als auch nonverbal sein. Die Gefahr besteht allerdings darin, dass sich ein Großteil des Lehrerhandelns auf *Rituale* stützt und keinen Raum mehr für eventuell notwendige Flexibilität bieten.

Tipps sind begrifflich zwischen Rezepten und Ritualen einzuordnen. Sie sind nach Gudjons (vgl. 1997, S. 14) weniger als Rezepte und beziehen sich oft auf die Banalitäten des Unterrichts.

Die im Folgenden dargestellten Qualitätsmerkmale sind komplexer und beziehen sich nicht auf Banalitäten. Die empirischen Unterrichtsforscher werden daher nie von Rezepten, Ritualen oder Tipps sprechen, da nach ihrer Auffassung „zwischen empirischen Befunden und didaktischen Ratschlägen komplizierte Übersetzungsleistungen liegen" (Meyer, 2004, S. 19)".

Gleichwohl lassen sich einzelne der nun aufgelisteten Quali-tätsmerkmale[43], in konkrete Handlungsanweisungen übertra-gen. Allerdings dürfen solche Rezepte in keiner Weise als eine Art einfache Reiz-Reaktionskette verstanden werden („Wenn ich auf dieses achte, dann hat das jenes zur Folge"). Helmke weist in diesem Zusammenhang (2005, S. 21) daraufhin, dass die Güte und Angemessenheit von Qualitätsmerkmalen des Un-terrichts immer von den spezifischen Zielen abhängt, die der Lehrer erreichen will. So können beispielsweise die Qualitäts-merkmale in einer Unterrichtssequenz, die eher vom Lehrer ge-steuert wird, andere sein, als in einer Phase eines wenig ge-lenkten Unterrichts (z.B. in einer Gruppenarbeit) (vgl. dazu Ka-pitel 5). Helmke weist darüber hinaus (2006) auf drei unter-schiedliche Sichtweisen bei der Diskussion um guten Unterricht hin:

- aus Sicht der Lehrperson,
- der Qualität der Unterrichtsprozesse und
- der unterrichtliche Effekt („Output").

Je nach Sichtweise kann es durchaus zu ganz unterschiedli-chen Bewertungen kommen. So ist denkbar, dass die negative Bewertung einer Unterrichtsstunde aus Sicht der Lehrperson einem positiven Output entgegensteht. Helmke hat aus diesem Grund ein umfassendes *Angebots-Nutzungs-Modell* (2005, S. 42) für den Unterrichts erstellt, welches die drei Sichtweisen in-tegriert und darüber hinaus personale Voraussetzungen der Schüler und des Lehrers mitberücksichtigt. Das Modell versucht möglichst alle für Schulunterricht relevanten Aspekte zu be-rücksichtigen.

---

[43] Meyer unterscheidet (ebd., S. 20) zwischen den Begriffen ‚*Merkmal'* und ‚*Gütekriterium'*. Er spricht von einem *Merkmal* immer dann, „wenn es um die Beschreibung beobachtbarer Unterrichtsphänomene und ihre messbaren Ef-fekte geht." *Gütekriterien* sind dagegen nach Meyer (2003, S. 37) „empirisch abgesicherte und didaktisch gewichtige Normen zur Analyse und Gestaltung erfolgreichen Unterrichts."

Bei den in diesem Kapitel vorgestellten Katalogen zu Qualitätsmerkmalen des Unterrichts steht dagegen vor allem der eigentliche Unterrichtsprozess im Vordergrund. Dazu zunächst ein Beispiel …

Lehrer B. hat seine Mathematikstunde in der Klasse 6 gut vorbereitet und freut sich auf die anstehenden 45 Minuten. Am Vortrag hat er ein Arbeitsblatt konzipiert und ist überzeugt, dass die Schüler bei der Arbeit ihre Freude haben werden. Lehrer B. erscheint pünktlich im Klassenzimmer und beginnt zügig mit dem Unterricht.

Zu Beginn der Stunde wiederholt er die in der letzten Stunde eingeübte Rechenoperation in einem Lehrervortrag. Fragen der Schüler werden beantwortet. Hier zeigt sich, dass einige Schüler noch Probleme haben, Lehrer B. entschließt sich, den Schülern ein weiteres Beispiel an der Tafel vorzurechnen. Anschließend wird das Arbeitsblatt verteilt.

Lehrer B. möchte in jedem Fall noch die Ergebnisse der Schüler zum Ende der Stunde besprechen. In der Einzelarbeit muss Lehrer B. zahlreiche Fragen einzelner Schüler beantworten. Als es klingelt ist nur die Hälfte der Schüler mit dem Arbeitsblatt fertig …

9.2 Qualitätsmerkmale nach Brophy & Good

Die Arbeiten von Brophy & Good (1986) bzw. Brophy (2002) sind als eine der zentralen Ansätze zur Unterrichtsqualität anzusehen. Helmke (2005, S.62) sieht in der Arbeit von Brophy & Good auch heute noch den ‚state of the art' repräsentiert. Die neuere Arbeit von Brophy fasst die wichtigsten Aspekte der Unterrichtsqualität in insgesamt elf Punkten zusammen (vgl. Tabelle 9.1.).

Tab. 9.1. *Merkmale der Unterrichtsqualität nach Brophy (2002).*

Merkmale
Unterstützendes Klima im Klassenraum
Lerngelegenheiten
Orientierung am Lehrplan
Aufbau einer Lern- und Aufgabenorientierung
Innerer Zusammenhang der Inhalte
Gut durchdachter Unterrichtsplan
Übung und Anwendung
Unterstützung der Lerntätigkeit
Lehren von Strategien
Kooperatives Lernen
Kriterumsorientierte Beurteilung
Leistungserwartungen

Bei solchen Auflistungen stellt sich die Frage nach einer Gewichtung. Für Brophy besitzen die aufgelisteten Merkmale alle die gleiche Bedeutung. Er weist aber ausdrücklich (2002, S. 6) daraufhin, dass eine Methodenvielfalt eine ganz entscheidende Bedeutung für die Unterrichtsqualität besitzt (vgl. Kapitel 5).
Offenkundig wird bei der Auflistung der Abstraktionsgrad der einzelnen Merkmale, da der Lehrer nur etwas über die Bedeutung einzelner Teilaspekte erfährt.
Wie aber beispielsweise ein unterstützendes Lernklima auszusehen hat muss weiter spezifiziert werden. Konkreter ist die Auflistung der Qualitätsmerkmale der früheren Arbeit von Brophy & Good (1986), die Helmke (2005) übersetzt. Die Auto-

ren ordnen bestimmte Qualitätsmerkmale des Unterrichts bestimmten Phasen bzw. Funktionen des Unterrichts zu. Brophy & Good sehen vier unterschiedliche Funktionen bzw. Phasen des Unterrichts, denen sie insgesamt 23 Qualitätsmerkmale zuordnen[44]. In der folgenden Tabelle sind die vier Funktionen bzw. Phasen mit den englischen Originalausdrücken beschrieben, da diese sich nach Helmke (2005, S. 62) nur schwer übersetzen lassen.

Tab. 9.2. *Qualitätsmerkmale eines (lehrergesteuerten) Unterrichts von Brophy & Good (nach Helmke, 2005, S. 63 f.).*

Funktion bzw. Phase	Die Schüler lernen besser, wenn …
Quantity and Pacing of Instruction	mehr Unterrichtszeit (pro Stunde, pro Tag, pro Jahr) und damit Lerngelegenheiten zur Verfügung stehen.
	der Lehrer die Wichtigkeit von Unterricht und Lernen betont und anspruchsvolle Ziele für alle verfolgt.
	eine effiziente Klassenführung vorherrscht, die Basis für konzentriertes Lehren und Lernen schafft.
	kontinuierliche Erfolgserfahrungen gemacht und Frustrationen vermieden werden.
Active Teaching	gesichert ist, dass Einzel- und Stillarbeit erst auf einer inhaltlich soliden Wissensbasis erfolgt.
	Übersichten, Verweise und Zusammenfassungen die Orientierung erleichtern.
	die Redundanz ausreichend groß ist, was durch Wiederholungen gewährleistet wird.
	das Material und die Informationen klar, verständlich, kohärent und gut strukturiert sind.
	die Lehrkraft als motivierend, anregend, stimulierend erlebt wird und ihr das Fach erkennbar Spaß macht.
	einerseits genügend Zeit für das Verstehen komplexen Stoffs gegeben wird, andererseits keine Zeit verschwendet wird.

---

[44] Es muss erwähnt werden, dass diese Qualitätsmerkmale sich vor allem auf einen eher vom Lehrer gesteuerten Unterricht beziehen.

Questioning the Students	Fragen in einer angemessenen Schwierigkeitszone zwischen Unter- und Überfordung fallen.
	es eine ausgewogene Mischung von ‚low level' und ‚high level' Fragen gibt.
	sowohl eindeutig beantwortbare als auch mehrdeutige Fragen vorgesehen werden.
	nach Fragen mindestens drei Sekunden Zeit verbleibt, bis die Frage weitergereicht wird.
	alle Schüler gleichermaßen in Frage-Antwort-Sequenzen einbezogen werden.
	Schüler bei schwierigen Fragen ermuntert werden, Nachfragen zu stellen oder Hilfe zu erbitten.
Reaction to Student Responses	nach richtigen Antworten immer Feedback erfolgt, wohingegen Lob sorgfältig dosiert werden muss.
	der richtige Anteil der Antwort gewürdigt wird und hilfreiche Hinweise für Verbesserungen folgen.
	die Frage wiederholt wird oder stützende Hinweise gegeben werden.
	nach erneuter Frage ein Feedback gegeben wird.
	relevante Schülerbeiträge auf- und ernst genommen werden.

186

9.3 Das QuAIT-Modell von Slavin

Die Abkürzung *QuAIT* steht für *Quality, Appropriateness, Incentives* und *Time*. Die Begriffe markieren die vier Kategorien, die Slavin (1997) durch eine Zusammenführung und Gewichtung verschiedener empirischer Studien als Oberkategorien herausgearbeitet hat.

Quality bezieht sich auf die Qualität des Curriculums, der Materialien sowie der Aufgaben und Erklärungen. Mit *Appropriateness* ist die Herstellung notwendiger Lernvoraussetzungen auf Seiten der Schüler gemeint. Dies kommt insbesondere in einem angemessenen Anforderungsniveau zum Ausdruck. *Incentives* bezeichnet vor allem das Motivationsniveau der Lernenden. Die Kategorie *Time* bezieht sich auf die Nutzung der vorhandenen Unterrichtszeit.

Das Modell von Slavin wurde von Ditton (2000) erweitert und übersetzt. Ditton ergänzt die vier Hauptmerkmale durch fünf bis acht Teilmerkmale, die in der folgenden Tabelle dargestellt sind.

Tab. 9.2. *Qualitätsmerkmale des Unterrichts nach dem QuAIT-Modell von Slavin (nach Ditton, 2000, S. 82).*

Haupt-merkmal	Teilmerkmal
Qualität	Struktur und Strukturiertheit des Unterrichts
	Klarheit, Verständlichkeit, Prägnanz
	Variabilität der Unterrichtsformen
	Angemessenheit des Tempos
	Angemessenheit des Medieneinsatzes
	Übungsintensität
	Behandelter Stoffumfang
	Leistungserwartungen und Anspruchsniveau
Motivierung	Bedeutungsvolle Lehrinhalte und Lernziele
	Bekannte Erwartungen und Ziele
	Vermeidung von Leistungsangst
	Interesse und Neugier wecken
	Bekräftigung und Verstärkung

Motivierung	Positives Sozialklima in der Klasse
Angemessen-heit	Angemessenheit des Schwierigkeitsgrades
	Adaptivität
	Diagnostische Sensibilität/Problemsensibilität
	Individuelle Unterstützung und Beratung
	Differenzierung und Inidividualisierung
	Förderungsorientierung
Unterrichtszeit	Verfügbare Zeit
	Lerngelegenheiten
	Genutzte Lernzeit
	Inhaltsorientierung, Lehrstoffbezogenheit
	Klassenmanagement, Klassenführung

Das Modell von Slavin ist im deutschsprachigen Raum bei weitem nicht so bekannt, wie beispielsweise die Merkmale guten Unterrichts von Meyer (Kap. 9.4). Gleichwohl hat es besondere Qualität, da in der Aufzählung keine wesentlichen Faktoren fehlen (Helmke, 2005, S. 127). Problematisch ist die teilweise fehlende Trennschärfe der Begriffe. So tauchen Aspekte der Angemessenheit auch unter dem Hauptmerkmal der Qualität auf. Außerdem besitzen die Merkmale unterschiedliche Abstraktionsniveaus (ebd.).

9.4 Merkmale guten Unterrichts nach Meyer

Meyer stellt in einer Art Mischmodell (2003) insgesamt zehn zentrale Merkmale guten Unterrichts dar. Ähnlich wie Slavin, hat Meyer aus verschiedenen Einzelstudien bzw. ca. zwei- bis dreihundert verschiedener Merkmalsdefinitionen, die für ihn zentralen Merkmale herausgearbeitet. Meyer stützt sich dabei besonders auf die Arbeiten von Brophy (2002) und von Weinert & Helmke (1997)[45].

Die zehn Merkmale des so genannten Dekalogs, der zurzeit in der Aus- und Weiterbildung von Lehrern in Deutschland sicherlich den größten Einfluss besitzt, sind in der folgenden Tabelle dargestellt.

---

[45] Weinert & Helmke untersuchten in der so genannten **Scholastik** - Studie (= **Sch**ulorganisierte **L**ernangebote und **S**ozialisation von **T**alenten, **I**nteressen und **K**ompetenzen) in einem Zeitraum von zwei Jahren in 51 bayrischen Grundschulklassen, Effekte verschiedener Merkmale. Die Ergebnisse zeigten, dass die Merkmale *Klassenführung* (= effektive Zeitnutzung) und *Strukturiertheit* (= Klarheit der Lehreranweisungen, Sicherung der Schüleraufmerksamkeit) sich besonders positiv auf die Lernleistung auswirken.

Tab. 9.1. *Merkmale guten Unterrichts nach Meyer (2004[46]).*

Merkmale
1. **Klare Strukturierung des Unterrichts** (Prozess-, Ziel- und Inhaltsklarheit; Rollenklarheit, Absprache von Regeln, Ritualen und Freiräumen)
2. **Hoher Anteil echter Lernzeit** (durch gutes Zeitmanagement, Pünktlichkeit; Auslagerung von Organisationskram; Rhythmisierung des Tagesablaufs)
3. **Lernförderliches Klima** (durch gegenseitigen Respekt, verlässlich eingehaltene Regeln, Verantwortungsübernahme, Gerechtigkeit und Fürsorge)
4. **Inhaltliche Klarheit** (durch Verständlichkeit der Aufgabenstellung, Plausibilität des thematischen Gangs, Klarheit und Verbindlichkeit der Ergebnissicherung)
5. **Sinnstiftendes Kommunizieren** (durch Planungsbeteiligung, Gesprächskultur, Sinnkonferenzen, Lerntagebücher und Schülerfeedback)
6. **Methodenvielfalt** (Reichtum an Inszenierungstechniken; Vielfalt der Handlungsmuster; Variabilität der Verlaufsformen und Ausbalancierung der methodischen Großformen)
7. **Individuelles Fördern** (durch Freiräume, Geduld und Zeit; durch innere Differenzierung und Integration; durch individuelle Lernstandsanalysen und abgestimmte Förderpläne; besondere Förderung von Schülern aus Risikogruppen)
8. **Intelligentes Üben** (durch Bewusstmachen von Lernstrategien, passgenaue Übungsaufträge, gezielte Hilfestellungen und „übefreundliche" Rahmenbedingungen)
9. **Transparente Leistungserwartungen** (durch ein an den Richtlinien oder Bildungsstandards orientiertes, dem Leistungsvermögen der Schülerinnen und Schüler entsprechendes Lernangebot und zügige förderorientierte Rückmeldungen zum Lernfortschritt)
10. **Vorbereitete Umgebung** (durch gute Ordnung, funktionale Einrichtung und brauchbares Lernwerkzeug)

Meyer formuliert (2004, S. 18) einige Regeln, welche die Formulierung der Merkmale geleitet haben. Dabei ist wichtig, dass

---

[46] Meyer hat die Begrifflichkeiten und die Reihenfolge entgegen früherer Publikationen (z.B. 2003) in seiner Monographie (2004, S. 17 f.) leicht verändert.

nach Meyer (ebd.) trotz der Nummerierung keine Rangfolge e-
xistiert. Allerdings sieht der Autor (2003, S. 37) die ersten beiden Merkmale als eine Art ‚Spitzenreiter' für die Qualitätsver-
besserung des Unterrichts (vgl. genauer zur Lernzeit Helmke.
2007a und zur Strukturierung Helmke, 2007b). Die Merkmale
sind außerdem so definiert, dass sowohl die Lehrer als auch die
Schüler dazu beitragen können, dass die Merkmalsausprägungen im Unterricht verbessert werden. Außerdem sind die
Merkmale fachdidaktisch gesehen neutral. In den Publikationen
von Meyer (2003; 2004) finden sich neben den Beschreibungen
der einzelnen Merkmale sowohl Indikatoren für die Feststellung
der Merkmalsausprägung als auch didaktisch-methodische
Ratschläge. Darüber hinaus bietet Meyer (2004; 2007) vor dem
Hintergrund seiner zehn Merkmale konkrete Übungen an, wie
der eigene Unterricht verbessert werden kann.

9.5 Mit kleinen Schritten zum Ziel: Modellnutzung

Die Auswahl der hier vorgestellten Modelle erfolgte nicht zufällig. Gleichwohl existieren andere Modelle die ebenfalls Beachtung finden können (vgl. z.B. Helmke, 2006; Haenisch, 2000).
Die Fülle an unterschiedlichen Ansätzen, mit mehr oder weniger
unterschiedlichen Qualitätsmerkmalen, zu einem guten Unterricht ist kaum noch zu überblicken. Der einzelne Lehrer steht
dadurch zunächst vor einem gewissen Auswahlproblem. Aufgrund der Tatsache, dass die gängigen Modelle aber alle auf
einer empirischen Grundlage beruhen, ist es eigentlich uner-
heblich, welcher der Ansätze ausgewählt wird. Ohnehin wird
man als Lehrer nicht alle Merkmale eines Modells gleichermaßen berücksichtigen können. Meyer (2004, S. 144) empfiehlt
daher zunächst eine (ehrliche) Stärken-Schwächen-Analyse.
Diese Aufgabe ist nicht zu unterschätzen, denn das Verhalten
(bzw. Handeln) von Lehrern wird weitgehend durch ein Bündel
von Annahmen, Kenntnissen, Vermutungen, Motiven und Vorstellungen gesteuert. Die Veränderung solcher *subjektiven
Theorien* ist ein mühseliger und langer Prozess (vgl. z.B. Grö-
ben et al., 1988).
Neben der Vielzahl, wirkt die Breite der unterschiedlichen Modelle, die zumeist in Form von Klassifikationen oder Listen pub-

liziert werden, auf den Leser abschreckend. Unmöglich erscheint eine Berücksichtigung bzw. Verbesserung aller Merkmale eines Modells. Dazu scheint mir der Rat von Meyer (2003, S. 43) hilfreich. Dieser regt an, Stück für Stück kleine Veränderungen im eigenen Unterricht vorzunehmen. Nach erfolgter Reflexion des eigenen unterrichtlichen Handelns, sollte demnach versucht werden, an der einen oder anderen Stelle das eigene unterrichtliche Handeln zu verbessern (vgl. dazu auch die Ausführungen zur Entwicklungsaufgabe des Lehrers bei Meyer, 1997).

Wichtig ist in diesem Zusammenhang m. E. ebenfalls das Akzeptieren, dass der Lehrer nicht alleine für den Lernerfolg der Schüler verantwortlich ist. Einsiedler (1997) sieht den Anteil des Lehrers an der Unterrichtsqualität bzw. am Lernerfolg lediglich bei 20 bis 40 %.

Somit erscheint mir der einzelne Lehrer bei der Nutzung von Modellen zum guten Unterricht in einer komfortablen Position. Er kann sich bei den einzelnen Merkmalen auf eine empirische Basis stützen. Das heißt, er kann sich sicher sein, wenn er einzelne Merkmale optimiert, einen besseren Unterricht abzuhalten und dadurch die Lernleistung seiner Schüler zu verbessern. Darüber hinaus weiß er, dass die Optimierung nicht in allen Merkmalen gleichzeitig erfolgen kann, sondern Schritt für Schritt. Letztlich gilt ebenfalls gesichert, dass er nicht alleine für den Lernerfolg verantwortlich ist, sondern nur ein Teil des Systems Schule darstellt.

Die hier vorgestellten Ansätze zur Unterrichtsqualität können darüber hinaus dazu dienen, die Auswertung des Unterrichts zu optimieren (vgl. Kap. 8). So kann Lehrer B. des Beispiels zu Beginn dieses Kapitels anhand eines Merkmalkataloges schnell erfassen, welche Veränderungen er in der Zukunft vornehmen sollte.

Literaturverzeichnis

Brophy, J.E. (2002). *Gelingensbedingungen von Lernprozessen. Arbeitsmaterial im Rahmen der Forbildungsmaßnahme „Schulprogramm und Evaluation".* Soest: Kettler.

Brophy, J.E. & Good, T.L. (1986). Teacher behaviour and student achievement. In M.C. Wittrock (Ed.), *Handbook of research on teaching* (S. 328-375). New York: Macmillan.

Blankertz, H. (2000). *Theorien und Modelle der Didaktik* (12. Aufl.). Weinheim: Beltz.

Ditton, (2000). Qualitätskontrolle und -sicherung in Schule und Unterricht. Ein Überblick über den Stand der empirischen Forschung. In A. Helmke, W. Hornstein & E. Terhart (Hrsg.), *Qualität und Qualitätssicherung im Bildungsbereich: Schule, Sozialpädagogik, Hochschule. Zeitschrift für Pädagogik . 41. Beiheft* (S. 73-92). Weinheim: Beltz.

Einsiedler, W. (1997). Unterrichtsqualität und Leistungsentwicklung. In F. E. Weinert & A. Helmke, A. (Hrsg.). *Entwicklung im Grundschulalter* (S. 225-240). Weinheim: Psychologie Verlags Union.

Grell, J. & Grell, M. (1999). *Unterrichtsrezepte* (2. Aufl.). Weinheim: Beltz.

Groeben von der, A. (2000). *Rituale in Schule und Unterricht.* Hamburg: Bergmann & Helbig.

Groeben, N.; Wahl, D.; Schlee, J. & Scheele, B. (1988). *Das Forschungsprogramm Subjektive Theorien. Eine Einführung in die Psychologie des reflexiven Subjekts.* Tübingen: Francke.

Gudjons, H. (1997). *Spiel nicht mit dem Schmuddelwissen.* Über den Gebrauch von Tips. In ders. (Hrsg.), *Neue Tips für besseren Unterricht* (S. 11-18). Hamburg: Bergmann & Helbig.

Haenisch, H. (2000). Merkmale erfolgreichen Unterrichts. Forschungsbefunde als Grundlage für die Weiterentwicklung von Unterrichtsqualität. In Landesinstitut für Schule und Weiterbildung (Hrsg.), *Was ist guter Unterricht?* (S. 42-53). Bönen: Kettler.

Helmke, A. (2005). *Unterrichtsqualität erfassen, bewerten, verbessern* (4. Aufl.). Seelze: Kallmeyer.

Helmke, A. (2006). Was wissen wir über guten Unterricht? Über die Notwendigkeit einer Rückbesinnung auf den Unterricht als dem ‚Kerngeschäft' der Schule. *Pädagogik*, 52 (2), 42-45.

Helmke, A. (2007a). Aktive Lernzeit optimieren. Was wissen wir über effiziente Klassenführung? *Pädagogik*, 53 (5), 44-48.

Helmke, A. (2007b). Klar strukturieren. Was wissen wir über Voraussetzungen und Folgen unterrichtlicher Klarheit? *Pädagogik*, 53 (6), 44-47.

Kaiser, A. (2003). *1000 Rituale für die Grundschule.* Hohengehren: Schneider.

Meyer, H. (1997). *Schulpädagogik. Bd. 1: Für Anfänger.* Berlin: Cornelsen.

Meyer, H. (2003). Zehn Merkmale guten Unterrichts. Empirische Befunde und didaktische Ratschläge. *Pädagogik,* 49 (10), 36-43.

Meyer, H. (2004). *Was ist guter Unterricht?* Berlin: Cornelsen.

Meyer, H. (2007). Übungen zum guten Unterricht. Eine Handreichung für Aus- und Fortbildung. Friedrich Jahresheft XXV: *Guter Unterricht: Maßstäbe & Merkmale – Wege & Werkzeuge* (Beiheft).

Slavin, R. E. (1997). *Educational Psychology* (5. Aufl.). Boston: Allyn & Bacon.

Weinert, F.E. & Helmke, A. (Hrsg.) (1997). *Entwicklung im Grundschulalter.* Weinheim: Psychologie Verlags Union.

10. Schlussbemerkung

Mit Grundbausteinen beginnt der Bau eines Hauses. Auf ihnen werden Mauern und der Dachstuhl errichtet. Später erfolgen der Innenausbau und die Hauseinrichtung. Das architektonische Ziel ist die Errichtung eines soliden, funktionalen aber auch schönen Hauses in dem sich die Bewohner wohl fühlen können.

Analog dazu hat jeder Lehrer das Ziel, eine gute Lehrkraft zu sein, die von Schülern, Eltern und Kollegen gleichermaßen geachtet und respektiert wird und die sich in seiner beruflichen Tätigkeit wohl fühlt.

Das hier vorgelegte Buch hat einige Grundbausteine des Lehrerberufs genauer beleuchtet[47], um das Erreichen solcher Ziele zu erleichtern. In diesem Sinne: *Viel Erfolg und Freude in der Schule.*

Kritik erwünscht:

Ähnlich wie ein Haus nie ganz mängelfrei ist, sind Bücher ebenfalls nicht frei von Fehlern oder geben an der einen oder anderen Stelle Anlass zur Kritik. Ich lade daher alle Leser herzlich ein, konstruktive Kritik zu üben und Verbesserungsvorschläge zu machen:
(→ Lars.Schmoll@t-online.de).

---

[47] An dieser Stelle sei zumindest zwei Personen Dank ausgesprochen, die nicht unwesentlich zur Entstehung dieses kleinen Buches beigetragen haben. Als erstes natürlich meiner Frau, für die Geduld und die Unterstützung. Außerdem meiner lieben Kollegin Sandra Grimme, die das Manuskript mit dem kritischen Blick einer Deutschlehrerin Korrektur gelesen hat.